Urlich Parzany
Jesus –
der einzige Weg?

ULRICH PARZANY

JESUS – DER EINZIGE WEG?

AUSSAAT VERLAG NEUKIRCHEN-VLUYN

ABCteam-Bücher erscheinen in folgenden Verlagen:
Aussaat Verlag Neukirchen-Vluyn
R. Brockhaus Verlag Wuppertal
Brunnen Verlag Gießen (und Brunnquell Verlag)
Christliches Verlagshaus Stuttgart (und Evangelischer Missionsverlag)
Oncken Verlag Wuppertal und Kassel

2. Auflage 1993
© 1991 Aussaat- und Schriftenmissions-Verlag GmbH,
Neukirchen-Vluyn
Titelgestaltung: Meussen/Künert, Essen
Satz: Knipp Satz und Bild Digital, Dortmund
Druck: Breklumer Druckerei Manfred Siegel KG
Printed in Germany
ISBN: 3-7615-2486-2

Inhalt

I. Pro und Contra 7

Fanatismus oder gemeinsame Feuerwehr 7
Leben wie im Supermarkt. 9
Ärger in Athen 11
Jesus, der Menschensohn 18
    Der kommende Menschensohn 19
    Der gegenwärtige Menschensohn 21
    Der leidende Menschensohn 22
    Die Bestätigung 25
    Die Alternativen des Allmächtigen 27
Nathan – der Weisheit letzter Schluß? 28
Göttliche Dummheit 34
Fanatismus oder Feindesliebe? 36
Gestörte Einheitsbemühungen? 40
Ohne Jesus verloren? 43
Der Weg zur Gewißheit 46
Bilder von dem Weg 49
Eine doppelte Gewißheit ist nötig! 52
Auf den Weg gebracht? 55
    1. Der Weg ist nicht gefragt 55
    2. Jesus ist der Weg, weil er die Wahrheit ist 57
    3. Jesus ist der Weg, weil er das Leben ist 59

II. Jesus im Koran und in der Bibel 61

Jesus, der Prophet 61
    Die Botschaft 62
    Prophet für Israel 64
Jesus – mehr als ein Prophet? 65
    Die Geburt von der Jungfrau Maria 65
    Die Wunder Jesu 69
    Das Tonvogelwunder 70
    Der Tisch vom Himmel 71
    Zeichen und Wunder 72

Der Tod Jesu... 74
    Was sagt der Koran? 74
    Islamische Gründe 78
    Der Kreuzestod Jesu nach der Bibel 80
Jesus kommt wieder.................................... 85
Jesus – der Sohn Gottes?.............................. 86
    Im Kampf um die Gottheit Gottes 86
    Alte Fronten 89
    Der gehorsame Sohn 92
    «Wort Gottes» und «Vom Geist Gottes» 97
Ahmed oder Heiliger Geist?........................... 98
Wie stellen wir uns zu den Unterschieden zwischen
Bibel und Koran?....................................... 101
Haben die Christen Jesus zum Sohn Gottes gemacht?... 103

III. Umarmung durch den Hinduismus 106

Sarvepalli Radhakrishnan............................. 107
Mahatma Gandhi....................................... 110

IV. Schluß: Jesus sprengt unsere Systeme............ 113

Literatur 116

I. Pro und Contra

Jesus wird allseits hochgeschätzt. Sicher, in Geschichte und Gegenwart des Christentums gibt es manches sehr dunkle Kapitel. Es ist wie mit den großen Flüssen. Je weiter sie sich von ihrer Quelle entfernen, desto mehr schmutzige Zuflüsse trüben das Wasser. Nach einigen hundert Kilometern führt der Fluß eine trübe, giftige Brühe, die ungenießbar ist. Aber an der Quelle ist das Wasser klar und erfrischend gesund. Über das Verhältnis zwischen Christentum und Christus werden wir noch nachzudenken haben. Wie aber steht es mit der Quelle, mit Jesus Christus selbst?

Wir lesen im Neuen Testament, daß Jesus gesagt hat: «Ich bin der Weg und die Wahrheit und das Leben; niemand kommt zum Vater außer durch mich» (Johannes 14,6). Peinlich. Sollte er wirklich einen solchen anmaßenden, andere Wege ausschließenden Anspruch erhoben haben?

Fanatismus oder gemeinsame Feuerwehr?

Ein Satz, der einen solchen Ausschließlichkeitsanspruch ausdrückt, steht im Verdacht, den Fanatismus zu nähren. Und wie war das denn in der Geschichte des Christentums? Als das Christentum durch die Regierung des Römischen Reiches in den ersten Jahrhunderten als Staatsreligion anerkannt wurde, begann die etablierte Kirche bald, heidnische Religionen gewaltsam zu verfolgen. Die Kreuzfahrer des Mittelalters töteten Tausende von Muslims im Namen des Christentums. In der europäischen Geschichte wurde die Zugehörigkeit zu einer christlichen Kirche den Leuten in einem Land durch den jeweiligen Herrscher aufgezwungen. Wer mit ihm nicht übereinstimmte, wurde vertrieben. Ketzer wurden auf die Scheiterhaufen geschickt.

Wir sehen mit Entsetzen die Versuche islamischer Fundamentalisten, in verschiedenen Teilen der Welt Staatsordnungen nach islamischem Gesetz zu schaffen und Andersgläubige gewaltsam zu bekämpfen. Auch in unserer Zeit scheint es Christen zu geben, die so etwas wie eine christliche Herrschaft in ihrem Land errichten möchten. In einer englischsprachigen Monatszeitung wurde vor einiger Zeit über die sogenannten Rekonstruktionisten in den USA berichtet. Sie wollen die Demokratie abschaffen und eine Staatsordnung auf der Basis der absoluten Gesetze der Bibel schaffen. Muß nicht jeder Absolutheitsanspruch notwendigerweise zu einem menschenverachtenden totalitären System führen? Haben nicht die blutigen Auseinandersetzungen im Libanon oder in Nordirland auch religiösen Hintergrund?

Dabei stehen wir doch in der heutigen Welt vor riesigen Problemen, die wir nur gemeinsam lösen können: Hunger, Armut, Hochrüstung, Ungerechtigkeit, Zerstörung der Natur. Der katholische Theologe Hans Küng hat die These aufgestellt, daß der Friede zwischen den Religionen die Voraussetzung für den Weltfrieden sei.

Das erscheint überzeugend. Angesichts eines gefährlichen Feuers vergißt man hoffentlich alle Unterschiede und macht sich gemeinsam ans Feuerlöschen. Je größer die Probleme, desto größer muß auch die gemeinsame Feuerwehr sein. Niemand wird bezweifeln, daß die Probleme um Frieden, Gerechtigkeit und Bewahrung der Schöpfung heute riesengroß sind.

Folgerichtig gibt es weltweit Bemühungen, die trennenden Unterschiede zu verringern und die Gemeinsamkeiten stärker hervorzuheben. Da erschien es naheliegend, daß die Christen weniger Jesus Christus als den einzigen Weg zu Gott betonten. Man versuchte und versucht, die Gemeinsamkeiten dadurch zu stärken, daß der Glaube an Gott oder das Göttliche, wie auch immer das in den verschiedenen Religionen gefüllt wird, stärker betont wurde als die Person und Bedeutung des Jesus Christus. Allerdings entdeckte man schnell, daß bei dieser Koalition alle diejenigen ausgeschlossen sind, die überhaupt nicht an irgendeinen Gott glauben wollen. Auch der Glaube an einen Gott spaltet also schon zu sehr.

Was lag näher, als die großen Überlebensfragen zum gemeinsamen Nenner zu machen? Alle sollen sich zusammenschließen, die sich um den Frieden, die Gerechtigkeit und die Bewahrung der Natur bemühen. Bewahrung der Schöpfung darf es dann schon nicht mehr heißen, denn wer von Schöpfung redet, setzt ja einen Schöpfer voraus.

Muß nicht auf diesem Hintergrund der Ausschließlichkeitsanspruch des Jesus Christus als geradezu gemeingefährlich beurteilt werden? Oder ist etwa der steile Satz aus dem Johannesevangelium gar nicht auf Jesus selbst zurückzuführen, sondern das Produkt eines zu Übertreibungen neigenden Anhängers?

Leben wie im Supermarkt

Die Zeit der Tante-Emma-Läden ist vorbei. Supermärkte bestimmen die Verbraucherwelt. Sie haben aber auch unsere Denkweise nachhaltig beeinflußt. Die ganze Welt ist wie ein riesiger Supermarkt. Endlose Regale mit vielfältigen Angeboten. Exotische Früchte. Delikatessen aus fernen Kontinenten. Sonderangebote für den sparsamen Verbraucher. Exklusives und Teures für den luxuriösen Lebensstil. Und natürlich ist niemand gezwungen, das alles zu kaufen. Man wird auch nicht von aufdringlichen Verkäufern oder Verkäuferinnen belästigt. Gelegentlich wird die anregende Kaufhausmusik durch eine sympathisch werbende Stimme unterbrochen. Man kann sie natürlich auch überhören, wenn man möchte. Jeder kauft, was er mag oder was er bezahlen kann. Dem einen erscheint die Vielfalt der Angebote bezaubernd schön, dem anderen bedrückend – vor allem, wenn das Geld nicht ausreicht, sich all die Schönheiten zu leisten. Geschenkt bekommt man selten etwas, höchstens verkaufsfördernde Kostproben.

Längst sind die Zeiten vorbei, in denen gesellschaftliche Traditionen und starke Familienbande vorschrieben, was ein Mensch zu glauben und wie er zu leben hätte.

In jeder Wahlperiode muß die Bundesregierung dem Bundestag einen sogenannten Jugendbericht vorlegen. In dem 1990 erschienenen 8. Jugendbericht wurde von Experten die Situation junger Leute mit der Formel beschrieben: «Pluralisierung der Lebenslagen und Individualisierung der Lebensführung». Die Lebenssituationen werden immer verschiedener, und auch junge Leute können und müssen immer mehr selber entscheiden, wie sie ihr Leben gestalten, nach welchen Werten und für welche Ziele sie leben wollen. Was bei den jungen Leuten jetzt erkennbar wird, ist Folge einer jahrzehntelangen

Entwicklung, die unsere Gesellschaft mehr und mehr geprägt hat.
Es gibt eine stillschweigende Übereinkunft, daß jeder glauben kann, was er will. Niemand aber soll sich anmaßen, seine eigenen Wertmaßstäbe und Lebensvorstellungen für andere verbindlich zu machen. Wir bewerten diese Entwicklung durchaus als einen Fortschritt. Wer wünscht sich schon eine Situation, in der durch Regierungszwang oder gesellschaftlichen Druck Denk- und Lebensweisen verordnet werden? Die Anerkennung des Pluralismus ist in einer Demokratie etwas Lebensnotwendiges. Man muß davon ausgehen, daß Menschen unterschiedliche Überzeugungen haben. Und in einer Demokratie gilt es dafür einzutreten, daß niemand zu irgendeiner Weltanschauung gezwungen wird.
Dieses System hat natürlich seine Grenzen. Auch in einer pluralistischen Demokratie sind wir darauf angewiesen, daß eine Mindestübereinstimmung in grundlegenden Werten vorhanden ist und gesichert wird. Solche Grundrechte werden in der Verfassung festgelegt. Wenn diese Grundübereinstimmung nicht mehr gegeben ist, wird das gesellschaftliche Leben zu einem mörderischen Dschungelkrieg.
Kein Wunder also, daß der Absolutheitsanspruch des Jesus Christus heute weitgehend als völlig unannehmbar und als Zumutung empfunden wird. Das gesellschaftliche Klima ist davon bestimmt, daß es unterschiedliche, ja gegensätzliche Überzeugungen nebeneinander gibt und daß man tunlichst auf den Streit über verbindliche Wahrheit und Gültigkeit für alle verzichten sollte.
Übrigens, zum Supermarkt gehören natürlich unbedingt die Einkaufswagen. Die außerordentlich praktischen Fuhrwerke sehen alle gleich aus. Das heißt wiederum nicht, daß jeder Kunde auch den gleichen Inhalt in einem solchen Wagen befördern müßte. Im Gegenteil. Man schiebt mit dem Wagen los. In der Schlange an der Kasse trifft man sich mit allen anderen wieder, die jeweils ihren persönlich gewählten Inhalt im gleichen Modell transportieren.
So geht es uns in unserer Zeit mit den Begriffen. Wenn wir den Ausdruck «Gott» in den Mund nehmen, heißt das noch lange nicht, daß wir in diesem «Einkaufswagen» alle den gleichen Inhalt transportieren. Wir gebrauchen zwar die gleichen

Buchstaben, jeder kann aber einen Inhalt in den Begriff hineinpacken, der ihm gefällt und den er für brauchbar hält.

Das macht die Verständigung nicht leichter. Wir erliegen immer wieder dem Mißverständnis, daß gleichklingende Wörter auch gleiche Inhalte transportieren. Nichts ist falscher als das. «Wir glauben doch alle an Gott», sagt einer und meint, damit eine gemeinschaftliche Überzeugung feststellen zu können. Tatsache ist, daß viele das Wort «Gott» in den Mund nehmen, aber sehr unterschiedliche, vielleicht sogar gegensätzliche Inhalte mit diesem Ausdruck verbinden. Verständigung ist also nicht leichter geworden. Es besteht Erklärungsbedarf.

Soweit zunächst, um nur einige Fragestellungen anzureißen, die uns im weiteren beschäftigen müssen.

Ärger in Athen

Die Bibel berichtet uns vom ersten Aufenthalt des Missionars Paulus in Athen, in der Kulturmetropole Europas. Die Sache beginnt sehr unangenehm. Es heißt ausdrücklich: Paulus war zornig und wütend. Warum? Am unsicheren Flughafen von Athen kann es nicht gelegen haben. Den gab es noch nicht. Ärger mit verstopften Straßen und Vergiftungsgefahr durch Abgase waren es damals auch noch nicht. Was also könnte einen gebildeten Menschen in dieser attraktiven Stadt ärgern? Wir reisen heute dorthin, um die Ruinen aus antiker Zeit zu bewundern. Noch die Reste der herrlichen Bauten, die Paulus in ganz anderer Pracht und Schönheit erlebt hat, faszinieren uns.

Die Bibel berichtet, daß Paulus wütend wurde, «als er die Stadt voller Götzenbilder sah». Da fängt der Ärger mit der Intoleranz des christlichen Glaubens in Europa schon an. Ist Paulus ein Banause, der die kulturellen Schätze nicht würdigen kann? Ist er ein provinzieller Fanatiker, der die Größe und Schönheit griechischer Kultur und Religion nicht zu würdigen weiß? Ihm geht es offensichtlich um die Menschen und nicht um die Gegenstände. Lebensschicksale entscheiden sich daran, worauf Menschen letzten Endes ihr Vertrauen setzen, was ihrem Leben Sinn und Ziel gibt, worin sie geborgen sind. Und von Götzen redet die Bibel immer dann, wenn Menschen ihr Vertrauen auf Geschaffenes anstatt auf den Schöpfer der Dinge richten. Wer sein Leben an das Vergängliche hängt, wird mit ihm vergehen.

Wer sein Lebenshaus auf Zerbrechliches gründet, wird mit dem brüchigen Fundament zerbrechen. Paulus war kein Zyniker, kein Menschenverächter. Er lebte nicht nach dem schnodderigen Grundsatz: «Jeder kann nach seiner eigenen Façon vor die Hunde gehen.» Nachdem er bei seiner Polizeiaktion zur Ausrottung der Christen in Damaskus dem auferstandenen Jesus Christus begegnet war und Gottes Liebe in diesem Jesus erfuhr, ist er von einer leidenschaftlichen Sorge um die Menschen erfüllt. Keiner soll vor die Hunde gehen.

Paulus hat einmal in einem seiner bedeutendsten Briefe geschrieben, daß er sich den Menschen gegenüber wie ein Schuldner der Liebe Gottes fühlt. In völliger Freiwilligkeit hat er sein Leben der Herrschaft des Jesus Christus unterstellt und ist seinem Auftrag zum Dienst an den Menschen gefolgt. Aber diese Freiwilligkeit ist für ihn keine Beliebigkeit. Er spürt eine innere Verpflichtung aus Liebe. Diese Liebe hat die Gleichgültigkeit den Menschen gegenüber vertrieben. Vom distanzierten Betrachter wird er zum engagierten Beteiligten des Lebens anderer Menschen. Er ist angerührt worden – von dem lebendigen Gott, der nicht ein distanzierter Betrachter ist, sondern der sich in das notvolle Schicksal der Menschen hineinbegeben hat. Also mischt Paulus sich in Athen ein.

Er sucht zunächst das Versammlungshaus der jüdischen Gemeinde auf, die Synagoge. Er will aber nicht im religiösen Ghetto bleiben. Also treibt es ihn auf den berühmten Marktplatz von Athen, auf dem nicht nur Gemüse verkauft, sondern auch Weltanschauungen gehandelt wurden. Er trifft Vertreter verschiedener Philosophenschulen, der Epikureer und der Stoiker. Er diskutiert mit ihnen über die Grundfragen des Lebens und bringt den Namen des gekreuzigten und auferstandenen Jesus ins Gespräch.

Die Reaktion ist negativ. Er wird zum Gespött seiner Diskussionspartner. Sie beschimpfen ihn als «Körnerpicker». Das ist einer, der ohne Zusammenhang denkt und redet. So wie ein Huhn mal hier und mal da pickt, ohne eine gerade Linie hinzukriegen, so sehen sie den Paulus in seiner Argumentation. Griechische Intellektuelle sind es gewohnt, systematisch zu denken. Sie empfinden es als Witz, daß Paulus die Wahrheit in Gestalt einer begrenzten historischen Person verkündet. Die Wahrheit ist nach ihrem Denkschema eine allgemeine, über den Wechselfällen des Lebens stehende, alles zusammenfassende Wahrheit. Die körperlichen Dinge gehören für sie sowieso auf die negative Seite – auf die Seite des Stoffes, der vergeht. Sie können auch nur spöttisch lachen, als Paulus anfängt, von der Auferstehung zu reden. Das halten sie nun für den letzten Witz. Ihnen geht es darum, daß das Gefängnis des Leibes überwunden, abgestreift wird, damit der Geist zur völligen Entfaltung, zur uneingeschränkten Erkenntnis der Wahrheit kommt. Daß es eine Auferstehung des Leibes, in welcher Form auch immer, geben soll, das halten sie für sinnlos. Das paßt nicht in ihr Weltbild. Spöttisches Gekicher über den geistigen Kleingärtner, der sich auf den Diskussionsplatz Athen traut.

Interessant zu beobachten, wie Paulus sich dieser Situation stellt. Er sucht den Dialog. Das war überhaupt die Lebens- und Denkform der Griechen. Berühmt geworden ist sie durch Platons Lehrer Sokrates, der alles Denken in Dialogform entwickelte. Paulus kommt mit der Gewißheit, daß in Jesus der Schöpfer und Herr aller Welt sich offenbart. Diese Tatsache steht für ihn nicht im Gegensatz dazu, daß er das Gespräch mit Andersdenkenden sucht. Er riskiert es, mißverstanden, ja sogar ausgelacht zu werden. Im weiteren Verlauf der Ereignisse in Athen beobachten wir, wie tief Paulus die Verkündigung der Botschaft von Jesus als Dialog, als Gespräch mit den Partnern versteht.

Die Sache in Athen ist mit den Witzeleien auf dem Marktplatz noch nicht zu Ende. Es wird berichtet, daß es in Athen eine spezifische Neugier gab. In Athen hatte man sozusagen das Ohr am Puls der Zeit. Hier tauchte alles Neue zum ersten Mal auf. Wache Geister beobachteten die Weltanschauungsszene auf dem Marktplatz sehr aufmerksam. Es könnte ja etwas Neues geben. Die damalige Zeit war ein unüberschaubares Wirrwarr neuer volkstümlicher Philosophien, sich attraktiv gebender Lebenskonzepte, religiöser Geheimlehren und Spezialkulte. Es war ein Klima von New Age. Paulus wußte das, und er hat sich oft genug damit auseinandersetzen müssen, daß die Leute ihn in Verdacht hatten, mit Religion sein Geschäft machen zu wollen. Er hat sich strikteste Disziplin im

Lebensstil auferlegt, um glaubwürdig zu bleiben. Er hat sich mit harter Arbeit den Lebensunterhalt selbst verdient, um nicht das Mißverständnis herauszufordern, er predige für Geld.

In Athen führte die Situation schließlich zu einer dramatischen Szene. Ein paar Wortführer wollten die Auseinandersetzung mit seiner Botschaft sozusagen auf ein offizielles Niveau heben. In Athen gab es nicht allzuweit vom Marktplatz den berühmten Areshügel, den Areopag. In älterer Zeit tagte hier das höchste Gericht Athens. Zur Zeit des Paulus hatte dieser Gerichtshof weiter keine Bedeutung mehr. Immerhin versammelten sich die Leute dort ganz offiziell, um Paulus anzuhören, sie wollten dort ihr höchstrichterliches Urteil über diese Jesus-Story fällen.

Paulus wurde also vorgeladen und aufgefordert zu sprechen. Die Zusammenfassung seiner Rede berichtet uns Lukas in Apostelgeschichte 17,22-31: «Ihr Männer von Athen, ich sehe, daß ihr die Götter in allen Stücken sehr verehrt. Ich bin umhergegangen und habe eure Heiligtümer angesehen und fand einen Altar, auf dem stand geschrieben: Dem unbekannten Gott. Nun verkündige ich euch, was ihr unwissend verehrt. Gott, der die Welt gemacht hat und alles, was darin ist, er, der Herr des Himmels und der Erde, wohnt nicht in Tempeln, die mit Händen gemacht sind. Auch läßt er sich nicht von Menschenhänden dienen, wie einer, der etwas nötig hätte, da er doch selber jedermann Leben und Odem und alles gibt. Und er hat aus einem Menschen das ganze Menschengeschlecht gemacht, damit sie auf dem ganzen Erdboden wohnen, und er hat festgesetzt, wie lange sie bestehen und in welchen Grenzen sie wohnen sollen, damit sie Gott suchen sollen, ob sie ihn wohl fühlen und finden können; und fürwahr, er ist nicht ferne von einem jeden unter uns. Denn in ihm leben, weben und sind wir; wie auch einige Dichter bei euch gesagt haben: Wir sind seines Geschlechts.

Da wir nun göttlichen Geschlechts sind, sollen wir nicht meinen, die Gottheit sei gleich den goldenen, silbernen und steinernen Bildern, durch menschliche Kunst und Gedanken gemacht. Zwar hat Gott über die Zeit der Unwissenheit hinweggesehen; nun aber gebietet er den Menschen, daß alle an allen Enden umkehren. Denn er hat einen Tag festgesetzt, an dem er den Erdkreis richten will mit Gerechtigkeit durch einen

Mann, den er dazu bestimmt hat, und hat jedermann den Glauben angeboten, indem er ihn von den Toten auferweckt hat.»

Es lohnt sich, einige Gesichtspunkte dieser Rede noch einmal zu unterstreichen. Obwohl Paulus dem Religionsbetrieb in Athen sehr kritisch gegenüberstand, ist er nicht ohne Respekt. Er zieht die persönliche Ehrlichkeit der Religiosität der Menschen in Athen nicht in Zweifel. Er kennt sich auch in ihrem Denken aus. Er kann sich auf ihre Dichter beziehen.

Er respektiert die Religiosität als einen Ausdruck tiefer Sehnsucht und echten Fragens. Das kommt vor allen Dingen in dem Altar für den unbekannten Gott zum Vorschein. Religion ist der Versuch des Menschen, nicht nur die letzten Fragen des Lebens zu beantworten, sondern sich auch gegen die Mächte des Schicksals zu schützen. Da man aber nie genau weiß, ob es noch irgendwo Mächte gibt, die man aus Unkenntnis übersehen hat und deren Unwillen man sich zuzieht, gehen die Athener auf Nummer Sicher. Die Verehrung des unbekannten Gottes ist ein Signal letzter Unsicherheit, die in aller Religion bleibt. Religion ist Suche des Menschen. Der Mensch kann über seine Grenzen als Mensch nicht hinaus. Er kann immer nur seine Sehnsüchte, seine Wünsche und Ängste in den Himmel projizieren. Die Bilder, die er sieht, sind in ihm selbst entstanden. In ihm als Einzelmenschen oder als Kollektiv. Viele deuten heute Religion mit Hilfe der Erkenntnisse des schweizerischen Psychoanalytikers Carl Gustav Jung. Für ihn spielen das kollektive Unbewußte und die sich darin ausbildenden Archetypen eine große Rolle. Die verschiedenen Ausprägungen der Religion, ihre Geschichten und Personen gehören zu einem breiten Symbolbestand in der menschlichen Seele, die den Menschen gemeinsam sind und jeweils in den verschiedenen Religionen unterschiedliche Ausprägung erfahren.

Das, was der Mensch von sich aus über Gott zu denken und zu sagen in der Lage ist, drückt sich in materiellen Bildern aus, die er mit seinen Händen schafft, oder in geistigen Systemen, die sein Hirn formt, oder eben in Bildern und Symbolen, die in seiner Seele gespeichert sind. Der Mensch bleibt in alledem bei sich selbst.

Genau an diesem Punkt setzt Paulus an. Gott ist nicht menschliches Produkt, weder materiell noch geistig noch seelisch. Er ist der Schöpfer, und er steht dem Menschen als dem

Geschöpf gegenüber. Der Mensch ist in eine begrenzte Lebenssituation hineingesetzt, die ihn ins Fragen führt und nach Gott suchen läßt. Gott ist zwar nicht fernab im Jenseits, er durchdringt unser Leben in jedem Molekül und ist doch von unseren begrenzten Wahrnehmungsmöglichkeiten her nicht zu erfassen. Wir sind völlig darauf angewiesen, daß Gott selbst sich uns bekannt macht.

Und genau das ist der Punkt, an dem es kritisch wird. «Zwar hat Gott über die Zeit der Unwissenheit hinweggesehen», sagt Paulus, «nun aber gebietet er den Menschen, daß sie an allen Enden umkehren.» Interessanterweise redet er in diesem Zusammenhang von Jesus zuerst als von dem Richter. Gott hat ihn als die entscheidende Person eingesetzt. An ihm wird sich nicht nur das persönliche Lebensschicksal, sondern die Weltgeschichte entscheiden.

Paulus bietet Jesus also nicht als religiösen Seelentrost an. Er weist nicht auf moralische oder seelische Defizite hin, die Jesus ausfüllen könnte. Das ist die Art und Weise, wie häufig in der Gegenwart Jesus als Lückenbüßer angepriesen wird. Solche Art der Anbiederei entspricht der Konsumgesellschaft. Der Konsument beurteilt alles darauf hin, ob er es gebrauchen und verbrauchen kann. Genauso gehen wir auf Jesus zu. Er läßt sich unter dieser konsumistischen Fragestellung aber nicht erkennen. Er läßt sich von uns nicht zum Lückenbüßer machen. Er wird nicht das Mittel zum Zweck. Er läßt sich nicht vor unseren Karren spannen. Er begegnet uns als der Richter. Nicht, ob wir ihn brauchen, ist die entscheidende Frage. Paulus präsentiert den selbstgewissen, ja besserwisserischen Europäern in Athen Jesus als die Krise ihres Denkens und Lebens. Genau das bedeutet nämlich Richter. Krisis heißt auf deutsch Gericht.

Paulus macht von vornherein deutlich: Es geht nicht um Geschmack oder Gebrauchenkönnen oder Gefallen, sondern es geht um die Wahrheitsfrage und damit um die Lebensfrage.

Am Schluß seiner Rede verbindet Paulus zwei wichtige Aussagen miteinander: «Gott hat jedermann den Glauben angeboten, indem er ihn (Jesus) von den Toten auferweckt hat.» «Glauben» heißt in der Bibel nicht einfach «gedanklich für wahr halten». Es heißt vertrauen, sich anvertrauen, sich festmachen an dem zuverlässigen Gott. Dem trauen, der treu ist. Wo aber soll ein Mensch sein Leben festmachen, wenn alles vom Tod zerrissen und zerstört wird? Dann gibt es keinen festen Halt. Festes Vertrauen kann ich nur fassen zu dem, der den Tod besiegt hat. Paulus verkündet den auferstandenen Jesus als die Einladung Gottes zum Glauben, zum Vertrauen. Menschen müssen sich nicht länger an ihren eigenen Vorstellungen festhalten. Sie müssen sich nicht selber vorgaukeln, daß die Gedanken, die sie sich über Gott gemacht haben, das Leben tragen. Sie dürfen festen Halt gewinnen in dem Schöpfer und Herrn aller Welt, der sich in Jesus, dem Gekreuzigten und Auferstandenen, offenbart.

Was ist das Ergebnis der Rede des Paulus auf dem Areopag gewesen? Es wird berichtet, daß es die drei klassischen Reaktionen gab, die in Europa seitdem wieder und wieder der Botschaft von Jesus Christus entgegengebracht wurden. Von einer Gruppe der Zuhörer heißt es, daß sie anfangen zu spotten, als Paulus von der Auferstehung der Toten spricht. Das hatten wir schon. Es paßt nicht in ihr Denkschema. Sie wollen ja ihren Leib loswerden. Was soll ihnen eine Auferweckung? Sie lachen, weil nicht sein kann, was nicht sein darf.

Die anderen vertagen die ganze Sache und schieben sie vor sich her: «Wir wollen dich darüber ein andermal weiter hören.» Es war sehr anregend. Manches leuchtete ihnen ein. Es blieben Fragen offen. Sie wollten jetzt weder im Denken noch im Leben Konsequenzen ziehen. Vertagen ist in solchen Fällen die einfachste Lösung. Man muß sich noch nicht festlegen.

Von einer dritten Gruppe heißt es: «Einige Männer schlossen sich ihm an und wurden gläubig; unter ihnen war auch Dionysius, einer aus dem Rat, und eine Frau mit Namen Damaris und andere mit ihnen.» Es gab eine Gruppe von Menschen, die reagierten auf die Einladung zu Jesus Christus mit dem Schritt des Vertrauens. Sie machten ihr Leben an ihm fest. Ein erster Kontakt wurde geschlossen. Ein neuer Lebensweg unter der Regie des auferstandenen Jesus Christus begann. Es waren ganz verschiedene Leute, namhafte und namenlose.

So ist die Geschichte weitergegangen bis heute. Ärger in Athen und anderswo. Spöttisches Gelächter. Jesus paßt in kein Schema. Viele leisten sich nicht einmal die kritische Auseinandersetzung. Sie vertagen die Sache einfach. Sie mögen die Konsequenzen nicht. Kirchliche Großorganisationen als Service-Unternehmen: Religion ohne Entscheidung und zu kleinen

Preisen. Sie tut niemandem weh und ist vielleicht irgendwann einmal in Grenzsituationen des Lebens nützlich. Einige aber antworten auf die klare Einladung mit der Öffnung ihres Lebens, mit dem Schritt des Vertrauens, mit der Bereitschaft zur Nachfolge hinter Jesus her. Jesus, der Herr und Richter der Welt, wird die Mitte ihres Lebens. Er ist die Schlüsselfigur der Weltgeschichte, und er schließt den Weg in die Zukunft für den einzelnen Menschen auf.

Soweit der Ärger in Athen. Nun könnte man sagen: den hat der Paulus verursacht. Vielleicht hat er Jesus mißverstanden. Im Laufe der Geschichte ist dem Paulus allerlei zugetraut und zugeschoben worden. Wie hat Jesus denn von sich selber gedacht und geredet? Hat er womöglich für sich einen solchen maßlosen Anspruch gar nicht erhoben? Muß man davon ausgehen, daß die Anhänger erst aus ihm gemacht haben, was er selber gar nicht wollte? Wenn das zu Anfang zitierte Wort aus Johannes 14,6 tatsächlich völlig allein im Neuen Testament diesen absoluten Anspruch erheben würde, dann müßte man sicherlich Zweifel anmelden. Ich möchte deshalb im folgenden auf einen Aussagenzusammenhang im Neuen Testament hinweisen, der den allerwenigsten vertraut ist, obwohl er von überragender zentraler Bedeutung ist.

Jesus, der Menschensohn

In den vier Evangelien bezeichnet sich Jesus sehr oft als Menschensohn. Viele Leser verstehen diesen Titel fälschlicherweise als Beschreibung der Niedrigkeit Jesu Christi. Dieses Verständnis ist naheliegend. Wir sind gewohnt, daß das Neue Testament von Jesus als dem Sohn Gottes spricht.

Das kennzeichnet ihn in seiner Hoheit. Menschensohn bezeichnet dann selbstverständlich das Gegenteil, seine menschliche Herkunft und Art.

Tatsächlich legt das Neue Testament großen Wert darauf, daß Jesus ganz und gar Mensch gewesen ist. Die Bibel vermittelt uns nicht das Bild eines über der Wirklichkeit schwebenden Geistes, wenn sie von Jesus spricht. Er mußte essen und trinken, er weinte und freute sich, er wurde müde, er hatte Angst, er starb hingerichtet am Kreuz.

Jüdische Zuhörer Jesu sind dem Mißverständnis, dem wir verfallen, nicht so leicht erlegen. Sie kannten ihre Bibel. Im Buch des Propheten Daniel wird von einer Vision des Daniel berichtet. Daniel beschreibt, daß Gott ihm in dieser Vision das Weltgericht zeigt. «Das Gericht wurde gehalten, und die Bücher wurden aufgetan» (Daniel 7,10).

Und dann heißt es: «Ich sah in diesem Gesicht in der Nacht, und siehe, es kam einer mit den Wolken des Himmels wie eines Menschen Sohn und gelangte zu dem, der uralt war (eine bildliche Umschreibung für Gott), und wurde vor ihn gebracht. Der gab ihm Macht, Ehre und Reich, daß ihm alle Völker und Leute aus so vielen verschiedenen Sprachen dienen sollten. Seine Macht ist ewig und vergeht nicht, und sein Reich hat kein Ende» (Daniel 7,13f).

Von dieser Prophetie her ist der Ausdruck «Menschensohn» inhaltlich fest geprägt. Er bezeichnet den von Gott autorisierten Herrscher und Richter der Welt. Wir verstehen den Titel also nur dann richtig, wenn wir in Gedanken sofort hinzufügen «Richter und Herr der Welt».

Neunundsechzigmal begegnet uns das Wort «Menschensohn» in den ersten drei Evangelien – Matthäus, Markus und Lukas – , und zwar nur in Worten, die Jesus über sich selbst spricht. Weitere zwölfmal kommt es im Johannesevangelium vor. Elfmal spricht Jesus über sich selbst, einmal wird er von einem Zuhörer mit dieser Bezeichnung zitiert (Johannes 12,34). Schauen wir einige typische Texte genauer an.

Der kommende Menschensohn
Einmal fragen die Jünger Jesus, wie es mit seinem zukünftigen Kommen und mit dem Ende der Welt sein wird (Matthäus 24). Jesus redet von den Zeichen der zu Ende gehenden Weltzeit, den Kriegen, Hungersnöten, Verfolgungen, den falschen Propheten, der zunehmenden Ungerechtigkeit, aber auch von der weltweiten Verkündigung des Evangeliums unter allen Völkern. Schließlich sagt er: «Sogleich aber nach der Bedrängnis jener Zeit wird die Sonne sich verfinstern und der Mond seinen Schein verlieren, und die Sterne werden vom Himmel fallen und die Kräfte der Himmel werden ins Wanken kommen. Und dann wird erscheinen das Zeichen des Menschensohns am Himmel. Und dann werden wehklagen alle Geschlechter

auf Erden und werden sehen den Menschensohn kommen auf den Wolken des Himmels mit großer Kraft und Herrlichkeit» (Matthäus 24,29f).

Hier ist die Redeweise aus dem Propheten Daniel aufgenommen. Das Kommen mit den Wolken des Himmels ist eine bildliche Bezeichnung für den Einbruch der Wirklichkeit des unsichtbaren Herrn und Richters in die raumzeitliche Wirklichkeit.

In Matthäus 25,31-46 redet Jesus dann davon, wie das Weltgericht sich vollziehen wird: «Wenn aber der Menschensohn kommen wird in seiner Herrlichkeit, und alle Engel mit ihm, dann wird er sitzen auf dem Thron seiner Herrlichkeit, und alle Völker werden vor ihm versammelt werden. Und er wird sie voneinander scheiden, wie ein Hirt die Schafe von den Böcken scheidet, und wird die Schafe zu seiner Rechten stellen und die Böcke zur Linken.

Da wird dann der König sagen zu denen zu seiner Rechten: Kommt her, ihr Gesegneten meines Vaters, ererbt das Reich, das euch bereitet ist von Anbeginn der Welt! Denn ich bin hungrig gewesen, und ihr habt mir zu essen gegeben. Ich bin durstig gewesen, und ihr habt mir zu trinken gegeben. Ich bin ein Fremder gewesen, und ihr habt mich aufgenommen. Ich bin nackt gewesen, und ihr habt mich gekleidet. Ich bin krank gewesen, und ihr habt mich besucht. Ich bin im Gefängnis gewesen, und ihr seid zu mir gekommen. Dann werden ihm die Gerechten antworten und sagen: Herr, wann haben wir dich hungrig gesehen und haben dir zu essen gegeben? oder durstig und haben dir zu trinken gegeben? Wann haben wir dich als Fremden gesehen und haben dich aufgenommen? oder nackt und haben dich gekleidet? Wann haben wir dich krank oder im Gefängnis gesehen und sind zu dir gekommen?

Und der König wird antworten und zu ihnen sagen: Wahrlich, ich sage euch: Was ihr getan habt einem von diesen meinen geringsten Brüdern, das habt ihr mir getan.

Dann wird er auch sagen zu denen zur Linken: Geht weg von mir, ihr Verfluchten, in das ewige Feuer, das bereitet ist dem Teufel und seinen Engeln! Denn ich bin hungrig gewesen, und ihr habt mir nicht zu essen gegeben. Ich bin durstig gewesen, und ihr habt mir nicht zu trinken gegeben. Ich bin ein Fremder gewesen, und ihr habt mich nicht aufgenommen.

Ich bin nackt gewesen, und ihr habt mich nicht gekleidet. Ich bin krank und im Gefängnis gewesen, und ihr habt mich nicht besucht. Dann werden sie ihm auch antworten und sagen: Herr wann haben wir dich hungrig oder durstig gesehen oder als Fremden, oder nackt oder krank oder im Gefängnis und haben dir nicht gedient?

Dann wird er ihnen antworten und sagen: Wahrlich, ich sage euch: Was ihr nicht getan habt einem von diesen Geringsten, das habt ihr mir auch nicht getan. Und sie werden hingehen: diese zur ewigen Strafe, aber die Gerechten in das ewige Leben.»

Zunächst könnte man meinen, daß Jesus hier von einem anderen als dem kommenden Menschensohn-Weltrichter redet. Aber im Prozeß und vor dem Hohen Rat in Jerusalem wird deutlich, daß er von sich selber spricht. Der Hohepriester redet ihn auf dem Höhepunkt des Prozesses an: «Ich beschwöre dich bei dem lebendigen Gott, daß du uns sagst, ob du der Christus bist, der Sohn Gottes. Jesus sprach zu ihm: Du sagst es. Doch sage ich euch: Von nun an werdet ihr sehen den Menschensohn sitzen zur Rechten der Kraft und kommen auf den Wolken des Himmels» (Matthäus 26,63f).

Andere Worte und Taten Jesu erscheinen von hier aus in einem besonderen Licht.

Der gegenwärtige Menschensohn

Die ersten drei Evangelien berichten uns von einem aufsehenerregenden Ereignis in Kapernaum. Jesus war dort wie zu Hause. Eines Tages war er in einem der Häuser in Kapernaum und sprach zu vielen Menschen, die sich um ihn drängten. Vier Männer wollten einen gelähmten Freund zu ihm bringen. Im Menschengedränge kamen sie nicht durch. In phantasievoller Liebe gaben sie nicht auf, sondern stiegen mitsamt ihrem gelähmten Freund auf das Flachdach des Hauses, gruben das Lehmdach auf und ließen den Freund auf seiner Bahre einfach in den überfüllten Raum hinunter, bis er vor den Füßen Jesu lag. Man kann sich die Geschichte nicht dramatisch genug vorstellen.

Es gibt eine peinliche Reaktion Jesu. Selbstverständlich hatten die Freunde erwartet, daß er den Gelähmten gesundmachen würde. Statt dessen spricht er zu ihm: «Mein Sohn, deine Sünden sind dir vergeben» (Markus 2,5).

Für uns liest sich das wie eine Flucht ins Theoretische, ins Nicht-Überprüfbare. Man sagt sich: Typisch, man erwartet etwas Handgreifliches, und Jesus redet von Vergebung der Sünden.

Für die frommen Juden, die die Szene miterlebten, lag der Skandal an ganz anderer Stelle. Es heißt in Markus 2,6f: «Es saßen da aber einige Schriftgelehrte und dachten in ihren Herzen: Wie redet der so? Er lästert Gott! Wer kann Sünden vergeben als Gott allein?»

Jesus durchschaut die Gedanken dieser Menschen und reagiert: «Damit ihr aber wißt, daß der Menschensohn Vollmacht hat, Sünden zu vergeben auf Erden – sprach er zu dem Gelähmten: Ich sage dir, steh auf, nimm dein Bett und geh heim! Und er stand auf, nahm sein Bett und ging alsbald hinaus vor aller Augen, so daß sie sich alle entsetzten und Gott priesen und sprachen: Wir haben so etwas noch nie gesehen» (Markus 2,10-12).

Jesus handelt als der Menschensohn-Weltrichter. Nur der Weltrichter kann freisprechen. Indem Jesus die Vergebung der Sünden zuspricht, handelt er als der Weltrichter. Und unmittelbar danach nimmt er auch mit der Selbstbezeichnung «Menschensohn» die Autorität des vom Propheten Daniel angekündigten Menschensohn-Weltrichters für sich in Anspruch. Damit hat er die Rolle des Lehrers und des Heilers, die ihm die Menschen zugebilligt hatten, gesprengt. Er handelt in letzter Autorität.

Der leidende Menschensohn

Die Einzigartigkeit des Jesus Christus wird aber erst dort vollends deutlich, wo sich der Anspruch, der kommende Menschensohn-Weltrichter zu sein, der jetzt schon in dieser Vollmacht handelt, mit dem Leiden und Sterben verbindet.

Ein Höhepunkt in der Geschichte Jesu ist jene Szene, die sich im Norden Israels abspielte. In Markus 8,27-33 wird berichtet: «Jesus ging fort mit seinen Jüngern in die Dörfer bei Cäsarea Philippi. Und auf dem Wege fragte er seine Jünger und sprach zu ihnen: Wer sagen die Leute, daß ich sei? Sie antworteten ihm: Einige sagen, du seist Johannes der Täufer;

einige sagen, du seist Elia; andere, du seist einer der Propheten. Und er fragte sie: Ihr aber, wer sagt ihr, daß ich sei? Da antwortete Petrus und sprach zu ihm: Du bist der Christus! Und er gebot ihnen, daß sie niemandem von ihm sagen sollten.

Und er fing an, sie zu lehren: Der Menschensohn muß viel leiden und verworfen werden von den Ältesten und Hohenpriestern und Schriftgelehrten und getötet werden und nach drei Tagen auferstehen. Und er redete das Wort frei und offen. Und Petrus nahm ihn beiseite und fing an, ihm zu wehren. Er aber wandte sich um, sah seine Jünger an und bedrohte Petrus und sprach: Geh weg von mir, Satan! Denn du meinst nicht, was göttlich, sondern was menschlich ist.»

Das Christusbekenntnis des Petrus ist ein Höhepunkt in der gemeinsamen Geschichte dieser jungen Männer mit Jesus. Jesus bestätigt die Aussage des Petrus indirekt, verbietet aber, öffentlich in dieser Weise von ihm zu reden. Statt dessen aber erklärt er seinen weiteren Weg ins Leiden und Sterben und in die Auferstehung. Genau an dieser Stelle bezeichnet er sich als Menschensohn. Jesus ist sehr zurückhaltend gewesen im Blick auf den Messiastitel («Messias» kommt aus dem Hebräischen, «Christus» aus dem Griechischen; beides bedeutet: Gesalbter). Er tut es offensichtlich, weil im zeitgenössischen Judentum mit dem Messiastitel sehr stark politische Erwartungen verbunden waren, die er nicht zu erfüllen gedachte. Statt dessen aber nimmt er den noch viel brisanteren Titel des Menschensohnes und setzt ihn ausgerechnet in den Zusammenhang des Leidens und Sterbens. Das sprengt nun allerdings alle gewohnten Bahnen des Denkens auch der bibelfesten Juden. Der Menschensohn wird in Herrlichkeit als der Richter kommen. Wie kann er leiden und sterben? Aber genau hier liegt die Besonderheit im Anspruch Jesu. Überaus deutlich drückt er das in einem Gespräch mit seinen Jüngern über Herrscherverhalten in dieser Welt aus (Markus 10,42-46): «Da rief Jesus seine Jünger zu sich und sprach zu ihnen: Ihr wißt, die als Herrscher gelten, halten ihre Völker nieder, und ihre Mächtigen tun ihnen Gewalt an. Aber so ist es unter euch nicht; sondern wer groß sein will unter euch, der soll euer Diener sein; und wer unter euch der Erste sein will, der soll aller Knecht sein. Denn auch der Menschensohn ist nicht gekommen, daß er sich dienen lasse, sondern daß er diene und sein Leben gebe als Lösegeld für viele.»

Was wäre typischer für den Herrn aller Herren, als daß die Menschen ihm dienen? Jesus aber sprengt alle Vorstellungen von Herrschaft und herrscherlichem Verhalten. Er kommt als der Diener. Er tut die Drecksarbeit. Er übernimmt die Lasten. Er geht ins Sterben.

Obwohl er der Herr aller Herren ist, wird nicht einmal das menschliche Grundbedürfnis auf Wohnung befriedigt: «Die Füchse haben Gruben, und die Vögel unter dem Himmel haben Nester; aber der Menschensohn hat nichts, wo er sein Haupt hinlege» (Lukas 9,58). Das Einzigartige seines Handelns und Leidens begreifen wir erst dann, wenn wir erkennen, wer Jesus ist.

Warum ist der Tod dieses Jesus der einzige Weg, die Menschen mit Gott zu versöhnen? Die Einzigartigkeit seines Todes besteht nicht darin, wie er gestorben ist. Tausende wurden von den Römern mit gleicher Brutalität gekreuzigt. Rein menschlich gesehen mögen manche schlimmer gelitten haben als Jesus. Die Einzigartigkeit seines Todes erkennen wir erst, wenn wir fragen, *wer* dieser Gekreuzigte ist: Der Herr und Richter der Welt geht ins Leiden und Sterben. Er nimmt den Platz des verlorenen Menschen ein. Er selbst erleidet die Konsequenzen der Rebellion und Feindschaft des Menschen gegen Gott. Das Gericht Gottes, das den Menschen zu Recht träfe, wird am Menschensohn-Weltrichter vollzogen.

Für uns ist es unmöglich, die Lebensgeschichte eines anderen Menschen zu übernehmen. Schuld ist nicht etwas, das ich weggeben kann wie ein dreckiges Hemd. Rebellion gegen Gott, das ist mein Leben selbst. Und nur der Schöpfer, der Herr und Richter der Welt, kann die Barrieren von Raum und Zeit durchbrechen, um mein Sündenleben anzuziehen, es ans Kreuz zu tragen und den ganzen Fall zu beenden.

Wegen der Einzigartigkeit des Jesus Christus kann ich mit Paulus bekennen: «Ich bin mit Christus gekreuzigt, ich lebe, doch nun nicht ich, sondern Christus lebt in mir. Denn was ich jetzt lebe im Fleisch, das lebe ich im Glauben an den Sohn Gottes, der mich geliebt hat und sich selbst für mich dahingegeben» (Galater 2,19b-20).

Die Bestätigung
Ich habe bisher auf einen besonderen Gesichtspunkt im Neuen Testament aufmerksam gemacht, der zeigt, daß Jesus den Absolutheitsanspruch durchaus erhebt und wie er ihn versteht. Die genannten Texte mögen eine Einladung sein, das Neue Testament unter diesem Gesichtspunkt gründlich zu studieren. Es wird dabei offenkundig werden, daß darin der Absolutheitsanspruch Jesu von der ersten bis zur letzten Seite gestellt bzw. vorausgesetzt wird. Ob damit schon bewiesen ist, daß er auch zu Recht erhoben wird, werden wir gleich bedenken. Zunächst einmal möchte ich festhalten: Es ist völlig unmöglich, unter Berufung auf Jesus oder das Neue Testament zu behaupten, Jesus habe sich nicht als den einzigen Weg zu Gott verstanden. Die aufgestellte Behauptung allerdings muß man ja noch nicht für richtig und gültig ansehen. Vielleicht hat Jesus sich getäuscht.

Die Freunde, die drei Jahre lang mit Jesus gelebt und sich ihm ganz und gar anvertraut hatten, waren nach seiner Hinrichtung der Meinung, daß er sich getäuscht habe. Die vollzogene Kreuzigung war für sie wie für die Feinde Jesu der Beweis, daß sein Anspruch nicht stimmen konnte. Keiner von den Jüngern ist auf den Gedanken gekommen, jetzt etwa das Christentum als eine Religion der Nächstenliebe zu gründen, weil Jesus getreu seinen Lehren gestorben sei. Diese etwas harmlose Vorstellung geistert aber in vielen Köpfen herum. Ein Studium des Neuen Testamentes zeigt schnell, daß die Wirklichkeit ganz anders war. Die Jünger liefen weg, versteckten sich und versuchten, mit ihrer Enttäuschung irgendwie fertig zu werden. Sie fürchteten sich, als Nachfolger Jesu ebenfalls verhaftet zu werden.

Erst als der auferstandene Jesus ihnen begegnet, werden die Enttäuschung und die Zweifel langsam überwunden. Noch die ersten Nachrichten der Frauen vom leeren Grab stoßen auf eine Mischung aus Neugier und Skepsis. In Lukas 24,11 wird ausdrücklich die Reaktion der Männer auf die Nachricht der Frauen vom leeren Grab berichtet: «Es erschienen ihnen diese Worte, als wär's Geschwätz, und sie glaubten ihnen nicht.» Zwei aus dem Jüngerkreis machten sich daraufhin auf den Weg, um aus dem Hexenkessel Jerusalem herauszukommen. Das Neue Testament berichtet uns, daß der auferstandene Jesus in sehr harter und kritischer Weise mit seinen Jüngern redete. Er mußte gegen eine schier unüberwindliche Mauer von Zweifel und Mißtrauen angehen. Auf diesem Hintergrund wird erst richtig deutlich, welche Schlüsselbedeutung die Auferweckung Jesu hat. Ob sein Anspruch stimmte, ob das, was er sagte und tat, wirklich gültig war, ob sein Leiden und Sterben Versöhnungstat Gottes oder nur Scheitern eines Idealisten war, das entscheidet Gott selbst, indem er den Gekreuzigten am Ostermorgen auferweckt.

Die Auferweckung ist ja nicht nur die Wiederbelebung eines Toten für eine gewisse Lebensspanne. So etwas kennen wir. Wer heute als klinisch Toter wieder zum Leben gebracht wird, erhält eine gewisse Spanne zusätzlicher Lebenszeit, die dann im Tod endet. Solche Wiederbelebung ist keine grundsätzliche Überwindung des Todes. Das aber ist das Besondere und Einzigartige an der Auferweckung des Jesus Christus. Hier geschieht die grundsätzliche und endgültige Durchbrechung der Todeswand. Er ist der erste aus der allgemeinen Totenauferstehung. Der Durchbruch ist gelungen. Die Vollendung der Weltgeschichte hat begonnen. Rückwärts gewandt bedeutet die Auferstehung Beglaubigung des Redens, Handelns, Leidens und Sterbens des Jesus von Nazareth durch Gott selbst. Ja, Jesus ist der von Gott eingesetzte Menschensohn-Weltrichter. Und als solcher schafft er allein die Versöhnung der Menschen mit Gott.

Aufgrund der Ostererfahrung mit dem auferstandenen Jesus gehen die vom Zweifel zur Gewißheit gekommenen Zeugen später in die Öffentlichkeit: «So wisse nun das ganze Haus Israel gewiß, daß Gott diesen Jesus, den ihr gekreuzigt habt, zum Herrn und Christus gemacht hat» (Apostelgeschichte 2,36). Unerschüttert widerstehen sie allen Einschüchterungsversuchen der Regierung und der Polizei. Sie erklären frank und frei, daß alles, was sie jetzt als Nachfolger dieses Jesus Christus sagen und tun, aus dessen Auftrag und Kraft kommt. Mit herausfordernder Klarheit sagen sie vor dem höchsten Gericht in Jerusalem: «In keinem anderen ist das Heil, auch ist kein anderer Name unter dem Himmel den Menschen gegeben, durch den wir sollen selig werden» (Apostelgeschichte 4,12). Der Auferstandene hat nicht nur Enttäuschte und Zweifler überwunden und ihre Zweifel in Gewißheit verwandelt.

Er hat auch einen fanatischen Feind wie den Paulus überführt, indem er ihn seine Auferstehungswirklichkeit erfahren ließ.

Die Alternativen des Allmächtigen

Die Vorstellung, daß Jesus sich *in einem übersteigerten Selbstbewußtsein* für den einzigen Weg zu Gott gehalten habe, ist völlig abwegig. Er hat diese Tatsache im wörtlichsten Sinne erlitten. Er hat darum gebetet, es möge andere Möglichkeiten geben.

Der Bericht über die Nacht vor seinem Tode in Gethsemane macht das sehr deutlich (Markus 14,32-42). Es wird berichtet, daß er vor Angst zitterte und daß eine tiefe Traurigkeit über ihn kam. Er bittet seine engsten Freunde, bei ihm zu wachen. Sein Gebet war kein wohlformulierter Vortrag. Es war ein Gebetskampf, den er immer wieder unterbrach, um die Unterstützung durch die engsten Vertrauten zu suchen. Die waren wie ausgeschaltet. Sie schliefen. Eine alptraumartige Szene! Die Männer, die vor kurzem noch versprachen, ihr Leben für Jesus einzusetzen, sind jetzt nicht einmal in der Lage, eine Stunde die Augen aufzuhalten. Demonstrativ wird deutlich: Diesen Weg mußte Jesus ganz allein gehen.

Im Gebet appellierte Jesus an die Allmacht Gottes: «Abba, mein Vater, alles ist dir möglich; nimm diesen Kelch von mir; doch nicht, was ich will, sondern was du willst!» (Markus 14,36).

Wenn Gott allmächtig ist, dann muß er doch viele Möglichkeiten haben, um seine Ziele zu erreichen. Genauso betet Jesus: «Alles ist dir möglich.» – Also muß es doch auch andere Wege zur Erlösung als den durch Leiden und Tod geben.

Die Antwort ist bekannt. Der allmächtige Gott hat keinen anderen Weg. Freispruch kann nur geschehen, wenn der gerechte Richter selbst das Urteil auf sich nimmt und im Gericht des heiligen Gottes stirbt. Wenn es eine andere Möglichkeit gegeben hätte, Jesus hätte sie allzu gern zugelassen. Es geht also gar nicht zunächst um einen Ausschließlichkeitsanspruch, sondern um ein ausschließliches, einzigartiges Angebot.

Nachdem dieses Angebot kurz umrissen dargestellt wurde, müssen wir uns nun den kritischen Anfragen stellen.

Nathan – der Weisheit letzter Schluß?

Die in der europäischen Geschichte wahrscheinlich wirksamste kritische Anfrage hat im Jahre 1779 der Dichter Gotthold Ephraim Lessing (1729-1781) gestellt. Damals erschien sein Drama «Nathan der Weise». In diesem Drama findet sich die sogenannte Ringparabel, die in der Auseinandersetzung um die Wahrheitsfrage nun seit mehr als zweihundert Jahren eine bedeutende Rolle spielt. Der Sultan Saladin, ein Moslem, führt ein Gespräch mit dem reichen Juden Nathan über das Verhältnis der drei Religionen Islam, Judentum und Christentum zueinander. Es geht um die Frage: Wer hat wirklich die Wahrheit? Nathan antwortet, indem er die sogenannte Ringparabel erzählt. Die Sache ist wert, daß wir uns mit ihr genau befassen. Deshalb soll die Ringparabel hier ganz abgedruckt werden.

(Anmerkung: Auszeichnungen in Kursivschrift sind vom Verfasser hinzugefügt, um Kernaussagen schon beim ersten Lesen herauszuheben):

NATHAN:
    Vor grauen Jahren lebt' ein Mann im Osten,
    Der einen Ring von unschätzbarem Wert
    Aus lieber Hand besaß. Der Stein war ein
    Opal, der hundert schöne Farben spielte,
    Und hatte die geheime Kraft, vor Gott
    Und Menschen angenehm zu machen, wer
    In dieser Zuversicht ihn trug. Was Wunder,
    Daß ihn der Mann im Osten darum nie
    Vom Finger ließ und die Verfügung traf,
    Auf ewig ihn bei seinem Hause zu
    Erhalten? Nämlich so. Er ließ den Ring
    Von seinen Söhnen dem Geliebtesten
    Und setzte fest, daß dieser wiederum
    Den Ring von seinen Söhnen dem vermache,
    Der ihm der liebste sei, und stets der liebste,
    Ohn' Ansehn der Geburt, in Kraft allein
    Des Rings, das Haupt, der Fürst des Hauses werde. –

    So kam nun dieser Ring, von Sohn zu Sohn,
    Auf einen Vater endlich von drei Söhnen,

Die alle drei ihm gleich gehorsam waren,
Die alle drei er folglich gleich zu lieben
Sich nicht entbrechen konnte. Nur von Zeit
Zu Zeit schien ihm bald der, bald dieser, bald
Der dritte – so wie jeder sich mit ihm
Allein befand, und sein ergießend Herz
Die andern zwei nicht teilten – würdiger
Des Ringes, den er denn auch einem jeden
Die fromme Schwachheit hatte zu versprechen.
Das ging nun so, solang es ging. – Allein
Es kam zum Sterben, und der gute Vater
Kömmt in Verlegenheit. Es schmerzt ihn, zwei
Von seinen Söhnen, die sich auf sein Wort
Verlassen, so zu kränken. – Was zu tun? –
Er sendet in geheim zu einem Künstler,
Bei dem er nach dem Muster seines Ringes
Zwei andere bestellt und weder Kosten
Noch Mühe sparen heißt, sie jenem gleich,
Vollkommen gleich zu machen. Das gelingt
Dem Künstler. Da er ihm die Ringe bringt,
Kann selbst der Vater seinen Musterring
Nicht unterscheiden. Froh und freudig ruft
Er seine Söhne, jeden insbesondre,
Gibt jedem insbesondere seinen Segen –
Und seinen Ring – und stirbt. –
Kaum war der Vater tot, so kömmt ein jeder
Mit seinem Ring, und jeder will der Fürst
Des Hauses sein. *Man untersucht, man zankt,
Man klagt. Umsonst: der rechte Ring war nicht
Erweislich.* – Fast so unerweislich als
Uns itzt – der rechte Glaube.

SALADIN:
   Wie? das soll
   Die Antwort sein auf meine Frage? ...

NATHAN:
   ...Soll
   Mich bloß entschuldigen, wenn ich die Ringe
   Mir nicht getrau' zu unterscheiden, die
   Der Vater in der Absicht machen ließ,
   Damit sie nicht zu unterscheiden wären.

Nathan erläutert dann, warum die zur Debatte stehenden drei Religionen genausowenig wie die drei Ringe zu unterscheiden sind. Alle drei beruhen auf Geschichte, und Geschichte wird mündlich oder schriftlich überliefert. Nun ist es nur natürlich, daß jeder Mensch seinen eigenen Vorfahren das meiste Vertrauen entgegenbringt: «Wie kann ich meinen Vätern weniger als Du den Deinen glauben?» – So beharrt also jeder auf der Richtigkeit der eigenen Religion, weil er den eigenen Vorfahren mehr vertraut als den Vorfahren des Andersgläubigen. Dann fährt Nathan in seiner Erzählung fort:

NATHAN:
Laß auf unsre Ring'
Uns wieder kommen. Wie gesagt: die Söhne
Verklagten sich, und jeder schwur dem Richter,
Unmittelbar aus seines Vaters Hand
Den Ring zu haben – wie auch wahr! – , nachdem
Er von ihm lange das Versprechen schon
Gehabt, des Ringes Vorrecht einmal zu
Genießen. – Wie nicht minder wahr! – Der Vater,
Beteu'rte jeder, könne gegen ihn
Nicht falsch gewesen sein und eh' er dieses
Von ihm, von einem solchen lieben Vater,
Argwohnen lass': eh' müss er seine Brüder,
So gern er sonst von ihnen nur das Beste
Bereit zu glauben sei, des falschen Spiels
Bezeihen, und er wolle die Verräter
Schon auszufinden wissen, sich schon rächen.

SALADIN:
Und nun der Richter? – Mich verlangt zu hören,
Was du den Richter sagen lässest. Sprich!

NATHAN:
Der Richter sprach: Wenn ihr mir nun den Vater
Nicht bald zur Stelle schafft, so weis' ich euch
Von meinem Stuhle. Denkt ihr, daß ich Rätsel
Zu lösen da bin? Oder harret ihr,
Bis daß der rechte Ring den Mund eröffnet? –
Doch halt! Ich höre ja, der rechte Ring
Besitzt die Wunderkraft, beliebt zu machen,
Vor Gott und Menschen angenehm. Das muß

Entscheiden! Denn die falschen Ringe werden
Doch das nicht können! – Nun, wen lieben zwei
Von euch am meisten? – Macht, sagt an! Ihr schweigt?
*Die Ringe wirken nur zurück? und nicht
Nach außen? Jeder liebt sich selber nur
Am meisten?* – Oh, so seid ihr alle drei
Betrogene Betrüger! – Eure Ringe
Sind alle drei nicht echt. Der echte Ring
Vermutlich ging verloren. Den Verlust
Zu bergen, zu ersetzen, ließ der Vater
Die drei für einen machen.

SALADIN:
Herrlich! Herrlich!

NATHAN:
Und also, fuhr der Richter fort, wenn ihr
Nicht meinen Rat statt meines Spruches wollt:
Geht nur! – *Mein Rat ist aber der: ihr nehmt
Die Sache völlig, wie sie liegt.* Hat von
Euch jeder seinen Ring von seinem Vater:
*So glaube jeder sicher seinen Ring
Den echten.* – Möglich, daß der Vater nun
Die Tyrannei des einen Rings nicht länger hat
In seinem Hause dulden wollen! – Und gewiß,
Daß er auch alle drei geliebt und gleich
Geliebt: indem er zwei nicht drücken mögen,
Um einen zu begünstigen. – Wohlan!
*Es eifre jeder seiner unbestochnen,
Von Vorurteilen freien Liebe nach!*
Es strebe von euch jeder um die Wette,
Die Kraft des Steins in seinem Rang an Tag
Zu legen! komme dieser Kraft mit Sanftmut,
Mit herzlicher Verträglichkeit, mit Wohltun,
Mit innigster Ergebenheit in Gott,
Zu Hilf'! und wenn sich dann der Steine Kräfte
Bei euern Kindes-Kindeskindern äußern:
*So lad' ich über tausendtausend Jahre
Sie wiederum vor diesen Stuhl. Da wird
Ein weiserr Mann auf diesem Stuhle sitzen
Als ich und sprechen. Geht!* – So sagte der
Bescheidne Richter.

Die Großartigkeit dieser Dichtung ist unbestritten. Wir aber haben uns jetzt mit ihrer Aussage auseinanderzusetzen. Da der echte Ring die Eigenschaft haben soll, vor Gott und Menschen angenehm zu machen, müßte sein Besitzer dadurch herauszufinden sein, daß die andern beiden Brüder ihn am meisten lieben. Dies muß die Wirkung des echten Ringes sein. Es stellt sich heraus:

> Jeder liebt sich selber nur
> Am meisten? – O so seid ihr alle drei
> Betrogene Betrüger! – Eure Ringe
> Sind alle drei nicht echt. Der echte Ring
> Vermutlich ging verloren.

Lessing will doch sagen, daß eine absolute Wahrheit alle Andersmeinenden in ihren Bann schlagen müßte. Schon allein die Tatsache, daß nicht alle Menschen einer Religion zufallen, spricht dafür, daß keine der bestehenden Religionen die absolute Wahrheit hat. Wobei Lessing nicht bestreitet, daß jede Religion eine große Nähe zu der Wahrheit hat. So wie die nachgemachten Ringe dem echten ja sehr genau gleichen. Jedenfalls der «bescheidene Richter» verzichtet auf die Beantwortung der Wahrheitsfrage. Sein Rat heißt:

> Ihr nehmt
> Die Sache völlig, wie sie liegt. Hat von
> Euch jeder seinen Ring von seinem Vater:
> So glaube jeder sicher seinen Ring
> Den echten.

Und dann weiter empfiehlt er ihnen die Bewährung ihrer Haltung in der Liebe:

> Es eifre jeder seiner unbestochnen,
> Von Vorurteilen freien Liebe nach!

Das ist also Lessings Antwort: Die Wahrheitsfrage ist nicht zu entscheiden. Jeder soll nur getrost in seiner Religion als der wahren leben. Nur solle man tolerant sein und die «von Vorurteilen freie Liebe» üben. Die Gedanken Lessings sind bestechend. Und in der Tat muß sich ein Christentum, das seiner

Wahrheit durch Kreuzzüge, durch Kanonen, Bomben und Raketen zur Geltung verhelfen möchte, die Kritik Lessings gefallen lassen. Fanatismus ist immer ein Zeichen dafür, daß die Botschaft vom gekreuzigten Jesus schon verraten worden ist. Menschen in der Nachfolge Jesu können Andersdenkende und auch Feinde nur lieben, auch wenn sie deren System und Religion ablehnen müssen. Der Fanatiker aber haßt mit der fremden Anschauung immer auch den Träger dieser fremden Anschauung. Damit aber erweist er sich als fern von Jesus.

So gut der Vorschlag Lessings für die Behandlung der Wahrheitsfrage auch gemeint sein mag, er hat einen entscheidenden Fehler. Angesichts des Anspruchs Jesu kommen wir um die Beantwortung der Wahrheitsfrage nicht herum. Es ist deutlich geworden: Lessings Gedanke steht nicht nur im Gegensatz zu dem Satz Jesu «Ich bin der Weg, die Wahrheit und das Leben; niemand kommt zum Vater, außer durch mich». Mit seinem ganzen Leben und Sterben ist Jesus der einzige Weg zu Gott. Das Angebot des Evangeliums von Jesus Christus nötigt uns also die Wahrheitsfrage auf. Wenn Jesus in diesem zentralen Anspruch nicht die Wahrheit sagt und ist, dann müssen wir doch hinter alles, was er sonst noch anbietet, große Fragezeichen machen.

Gotthold Ephraim Lessing hat die Relativierung der christlichen Botschaft noch tiefer begründet. Er unterscheidet die zufälligen Geschichtstatsachen von der notwendigen Vernunftwahrheit. Personen und Ereignisse sind zufällige Geschichtstatsachen. Sie sind in ihrer Begrenztheit und Unterschiedlichkeit den Wechselfällen der zeitlichen Vergänglichkeit und Veränderbarkeit unterworfen. Sie können also nie die ewige Vernunftwahrheit ganz enthalten. Sie können nur ein Aspekt, ein Beispiel, ein Teilstückchen dieser ewigen Vernunftwahrheit sein. So sieht Lessing generell das Verhältnis von Geschichte und Wahrheit.

Das gilt natürlich auch von Jesus. Er ist nur eine Ausdrucksweise, ein vielleicht sehr wichtiges Beispiel der ewigen Vernunftwahrheit. Nie und nimmer aber kann er als Person, die zu einer datierbaren Zeit gelebt hat und gestorben ist, die Wahrheit schlechthin sein.

Auf diesem Hintergrund wird Lessings Dichtung in der Ringparabel verständlich. Die abstrakte und absolute Wahrheit kann als Gott bezeichnet werden. Aber niemand weiß, wer er in seiner ganzen Fülle ist. Alle Religionen enthalten demnach Wahrheit, aber jeweils nur in einigen Aspekten.

Lesslie Newbigin, der lange Zeit Bischof in Südindien war und heute in England lebt, schrieb: «Es gibt in der Tat eine alte und achtenswerte Tradition, die uns sagt, daß die letzte Wirklichkeit nicht erkennbar ist. Es ist wahr, daß der menschliche Geist Gott nicht begreifen kann. Aber diese wahre Aussage kann dazu gebraucht werden und wird dazu gebraucht, jede sichere Aussage über die Wahrheit zu disqualifizieren. Die wahre Feststellung, daß wir nicht alles erkennen können, kann gebraucht werden, um die gültige Forderung, etwas zu erkennen, zu disqualifizieren. Der menschliche Geist kann Gott nicht begreifen, aber wir haben keine Gründe, die Möglichkeit zu leugnen, daß Gott das Göttliche den Menschen bekannt machen könnte und daß sie in legitimer Weise bezeugen können, was ihnen offenbart worden ist.»

Wenn und weil Menschen nicht in der Lage sind, von sich aus den wahren Gott zu erkennen, sind sie auch nicht fähig, Bedingungen für zutreffendes Denken oder Reden über Gott aufzustellen, es sei denn, Gott offenbart sich selbst und macht sich unter menschlichen Bedingungen bekannt. Wenn wir die Offenbarung Gottes in Jesus Christus übersehen, enden wir unweigerlich in Projektionen und Bildern von Gott, die wir unseren Wünschen und Ängsten entsprechend selber produzieren.

Aber weil Gott sich selbst offenbart hat, können wir demütig und dankbar diese Geschichte erzählen, «denn die Torheit Gottes ist weiser, als die Menschen sind» (1. Korinther 1,25).

Göttliche Dummheit

Die Auseinandersetzung um diesen Punkt ist so alt wie das Neue Testament. Als Paulus sich mit den Intellektuellen Griechenlands auseinandersetzen muß, bescheinigen sie ihm, daß die Botschaft von Jesus Christus Dummheit ist. Warum? Ganz ähnlich wie später Lessing gehen Hauptströme der griechischen Philosophie davon aus, daß die Wahrheit nicht in ganzer Fülle in einem geschichtlichen Ereignis oder einer Person zu finden sein kann. Sie ist nicht in der Welt der Materie, des Stoffes, der Dinge. Im Gegenteil, der Körper ist das Grab der Seele. Die Seele, das Geistige, muß befreit werden aus der Gefangenschaft im Körperlichen und Stofflichen. Nur dann kann die Wahrheit als eine allgemeine, alles umfassende geistige Wahrheit erkannt werden.

Die Botschaft vom gekreuzigten und auferstandenen Jesus Christus erscheint den Griechen als ausgemachte Dummheit. Die Wahrheit ist abstrakt, das heißt, sie ist von den Wechselfällen dinglicher Wirklichkeit weggezogen (lateinisch: abstrahere). Sie schwebt über den Dingen.

Was setzt nun Paulus dieser Kritik entgegen: «Hat nicht Gott die Weisheit der Welt zur Torheit gemacht? Denn weil die Welt, umgeben von der Weisheit Gottes, Gott durch ihre Weisheit nicht erkannte, gefiel es Gott wohl, durch die Torheit der Predigt zu retten, die daran glauben.

Denn die Juden fordern Zeichen, und die Griechen fragen nach Weisheit, wir aber predigen den gekreuzigten Christus, den Juden ein Ärgernis und den Griechen eine Torheit; denen aber, die berufen sind, Juden und Griechen, predigen wir Christus als Gottes Kraft und Gottes Weisheit. Denn die Torheit Gottes ist weiser, als die Menschen sind, und die Schwachheit Gottes ist stärker, als die Menschen sind» (1. Korinther 1,20-25).

Gott offenbart sich im gekreuzigten Jesus und stellt damit unsere Denkvoraussetzungen in Frage. Er läßt sich nicht in unser Schema pressen. Es wird uns etwas zugemutet: Entweder wir halten unsere Denkvoraussetzungen für absolut gültig und messen alles, was auf uns zukommt, daran, dann können wir die Botschaft vom gekreuzigten Jesus Christus nur als ausgemachte Dummheit ablehnen. Oder wir werden wie Paulus in der Begegnung mit dem auferstandenen Jesus Christus die Wende für unser Leben und Denken erfahren. Dann wird anstelle des von uns gedachten Gottes der geoffenbarte Gott in Jesus Christus Mittelpunkt unseres Lebens und Denkens. Wer er ist, können wir nicht schon von uns aus vorher wissen. Wer Gott ist, können wir nur demütig und behutsam nacherzählen, indem wir die Geschichte des Jesus Christus lesen, hören und darin Gott erkennen. Jesus hat gesagt: «Wer mich sieht, der sieht den Vater!» (Johannes 14,9).

Es geht also nicht darum, ob Jesus dem modernen Menschen intellektuell zuzumuten ist. Es geht um die entscheidende Frage, ob der sogenannte moderne Mensch im Banne seines Vorurteils verharren will oder ob er bereit ist, die scheinbar so selbstverständlichen Voraussetzungen seines Denkens und Lebens kritisch in Frage zu stellen.

Wer sagt denn, daß es zutreffend ist, daß die Wahrheit sozusagen abseits der geschichtlichen Wirklichkeit über allem schwebt? Gott offenbart sich als der Schöpfer und der Herr der Geschichte. Er begegnet inmitten einer Welt der Tische und Bänke. Die Anschauung von einer abstrakten Wahrheit jenseits der sichtbaren Dinge hat dazu geführt, daß wir sie zum Thema von Sonntagsreden machen, aber mit dem alltäglichen Leben hat das nichts zu tun. Finanzen und Ehefragen, Kindererziehung, Politik und Wirtschaft liegen dann auf einer anderen Ebene. In Jesus Christus aber begegnet uns der lebendige Gott, der sich in unsere Lebensverhältnisse einmischt. Er ist nicht irgendwo oben im Jenseits zu erkennen, sondern ganz unten im Blut und Sterben – am Kreuz. Niemand kann sagen, er sei zu tief gefallen, zu klein und kümmerlich, er sei ein hoffnungsloser Fall. Gott ist ganz unten. Jeder kann ihn kennenlernen und erfahren.

Wer hochnäsig mit dem intellektuellen Fernrohr ins Jenseits schaut, wird sich möglicherweise die Augen ausgucken, aber den Gott, der uns in Jesus nahegekommen ist, übersehen.

Fanatismus oder Feindesliebe?

Zu Anfang dieses Buches habe ich bereits erwähnt, daß die Geschichte des Christentums leider traurige Kapitel des Fanatismus und der Intoleranz aufzuweisen hat. Nicht zuletzt daher kommt die Skepsis gegenüber dem Absolutheitsanspruch des Jesus Christus. Wie steht es denn nun mit der Toleranz? Wie sieht das Verhältnis des Menschen, der Jesus Christus als Herrn anerkennt, zu Menschen mit anderer weltanschaulicher Orientierung aus?

Beim Lesen des Neuen Testamentes fällt uns auf, daß Jesus Menschen in unbedingter Deutlichkeit gerufen hat. Nirgendwo aber beobachten wir, daß Jesus einen Menschen zwingt.

Ganz im Gegenteil. Viele weisen ihn ab. Viele lachen über ihn.

In der Nähe der ostjordanischen Stadt Gerasa hat Jesus einen Menschen geheilt, der durch seine dämonische Besessenheit für die ganze Umgebung ein einziger Schrecken war. Ergebnis dieser Wohltat: die Leute fühlen sich durch diese Heilung derart verunsichert, daß sie Jesus bitten wegzugehen. Und er tut es (Markus 5,1-20).

Ein ernsthafter, kluger und reicher Mann fragt Jesus, wie er ewiges Leben bekommen kann. Jesus redet sehr einfühlsam mit ihm und gibt ihm schließlich die entscheidende Wegweisung: «Eines fehlt dir. Geh hin, verkaufe alles, was du hast, und gib's den Armen, so wirst du einen Schatz im Himmel haben, und komm und folge mir nach!» (Markus 10,21).

Die Antwort paßt dem Mann nicht. Es heißt, er war sauer über dieses Wort und ging traurig weg. Wir hören nichts davon, daß Jesus einen Versuch macht, ihn festzuhalten. Jesus nimmt in Kauf, daß er mißverstanden, verspottet, verfolgt, gefoltert und getötet wird. Er ist im tiefsten Sinne tolerant. Das lateinische Wort tolerare bedeutet ertragen, erdulden. Die Toleranz Jesu kommt aus seiner Liebe zu den Menschen.

Toleranz, wie wir sie in Europa seit der philosophischen Bewegung der Aufklärung verstehen, hat eine andere Begründung. Lessing hat es in seinem «Nathan» vor Augen geführt. Da die Wahrheit letzten Endes nicht zu erkennen ist, lohnt es sich nicht, darüber zu streiten. Toleranz setzt dann den Verzicht auf eine letzte Wahrheitserkenntnis voraus. Eine so begründete Toleranz ist Jesus völlig fremd.

Er erwartet von seinen Nachfolgern nicht nur Toleranz gegenüber Andersdenkenden, sondern er gebietet Feindesliebe: «Liebt eure Feinde; tut wohl denen, die euch hassen; segnet, die euch verfluchen; bittet für die, die euch beleidigen» (Lukas 6,27f).

Wer sich zu Jesus als dem alleinigen Herrn und Retter bekennt, muß ihm auch in dieser Sache unbedingt folgen. Es ist eine Schande, wie oft wir Christen große Worte über Jesus im Munde geführt haben, seine Weisungen aber immer dann ausgeblendet haben, wenn sie uns nicht paßten. Wo Zwang und Gewalt im Namen des Jesus Christus gegen andersdenkende Menschen eingesetzt wurden, haben die Christen Jesus verraten. Es ging ihnen dann nicht wirklich um Jesus, sondern um die Durchsetzung ihrer eigenen Machtansprüche.

Nicht die Christen haben einen Absolutheitsanspruch, sondern Jesus Christus macht ein absolutes Angebot, mit dem sich ein Ausschließlichkeitsanspruch verbindet. Damit wendet sich Jesus auch kritisch gegen jeden Versuch der Leute, die sich nach seinem Namen nennen und ihn für ihre eigenen Zwecke mißbrauchen: Das ist einer der wundesten Punkte. Sicher, es gibt wunderbare Beispiele aus der Kirchen- und Missionsgeschichte, wie Mitarbeiterinnen und Mitarbeiter des Jesus Christus Verfolgung, Leiden und Sterben auf sich genommen haben, um die Liebe des Gekreuzigten und Auferstandenen auch den Feinden in Wort und Tat zu bezeugen. Aber Vergangenheit und Gegenwart liefern eben auch traurige Beispiele dafür, wie Christen unter dem Vorwand der Glaubenstreue ihren eigenen Machtanspruch, ihre eigenen politischen und wirtschaftlichen Vorteile mit Gewalt gegen andere verteidigt haben.

Wenn wir so mit unserem Leben verraten, was wir mit den Worten verkünden, fallen wir unter das Gerichtswort, das Jesus in der Bergpredigt gesagt hat: «Es werden nicht alle, die zu mir sagen: Herr, Herr!, in das Himmelreich kommen, sondern die den Willen tun meines Vaters im Himmel. Es werden viele zu mir sagen an jenem Tage: Herr, Herr, haben wir nicht in deinem Namen geweissagt? Haben wir nicht in deinem Namen böse Geister ausgetrieben? Haben wir nicht in deinem Namen viele Wunder getan? Dann werde ich ihnen bekennen: Ich habe euch noch nie gekannt; weicht von mir, ihr Übeltäter» (Matthäus 7,21-23).

Wir Christen stehen gerade in der Begegnung mit dem Islam wieder in einer besonderen Bewährungsprobe. Der Islam versteht sich – anders als Jesus – bewußt als eine politische Macht. Staatlicher Zwang und Krieg geschehen in Übereinstimmung mit den Aussagen des Koran. Da ist es schnell geschehen, daß Christen sich das Gesetz des Handelns vom Islam aufzwingen lassen, anstatt sich wirklich an Jesus zu orientieren. Die Botschaft, daß Jesus der einzige Weg ist, wird zuerst und vor allem eine Herausforderung an die Christen selbst. Sind wir bereit, ihm wirklich zu folgen? Oder wollen wir ihn vor den Karren unserer Interessen spannen? Darf er unsere Gedanken, Worte und Taten gründlich erneuern? Wollen wir ihm vertrauen, daß sein Weg zum erfüllten Leben führt? Oder werden wir besserwisserisch sein Wort außer Kraft setzen und mit Gewalt unsere eigenen Interessen durchkämpfen?

Es ist natürlich nur logisch, daß eine Christenheit, die Jesus Christus für sich selbst nicht als den einen und einzigen Herrn anerkennt, anderen gegenüber die Botschaft von seiner Einzigartigkeit nicht vertreten möchte. So erklärt sich eine Situation, wie wir sie heute weithin vorfinden: Tolerante Schönrednerei als Schaufensterdekoration einerseits, aus Vorurteilen gespeiste Angst, Aggressivität und lieblose Ablehnung im Alltagsleben andererseits.

Um es noch einmal ganz deutlich zu sagen: Ich trete nicht ein für den Absolutheitsanspruch der Christen oder des Christentums. Das Christentum hat sich in fast 2000 Jahren zu einem breiten, schmutzigen Strom entwickelt, in den viele Abwässer der Geschichte geflossen sind. Es ist typisch, daß man in einem Land, in dem sich über 80 Prozent der Bevölkerung als Christen bezeichnen bzw. Mitglieder christlicher Kirchen sind, nicht einmal mit Eindeutigkeit sagen kann, wer und was ein Christ ist. Bis hinein in die Kirchen werden in dieser Sache nebulöse Reden gehalten. Weltanschauliche Nebenflüsse aller Art haben im Laufe von Geschichte und Gegenwart den Einfluß der biblischen Botschaft verdrängt oder überlagert. Mehr oder weniger gedankenloses Mitläufertum ist geradezu das Kennzeichen des Christentums geworden.

Kein Wunder, daß es weltweit Kredit verloren hat. Gläubige Vertreter anderer Religionen schauen zum Teil verächtlich auf sogenannte Christen, die sich tolerant anbiedern, weil sie weder im Leben noch im Denken eine Position als Christen mit Überzeugung vertreten können und wollen.

Vor einiger Zeit hatte ich in einer Versammlung einen führenden Christen aus Sri Lanka zu übersetzen. Als Übersetzer ist man natürlich ein besonders aufmerksamer Zuhörer. Ich werde nicht vergessen, was er den Christen in Westeuropa ins Stammbuch schrieb. Er sagte ungefähr folgendes: Wenn wir in Sri Lanka als Christen mit intellektuellen Buddhisten über das Evangelium von Jesus Christus sprechen, weisen sie uns hämisch auf die sogenannten christlichen Länder hin. Sie haben an westlichen Universitäten studiert. Sie haben die sogenannten Christen in Europa in ihrem Leben beobachtet, und sie sagen: «Predigt den sogenannten Christen erst einmal das Evangelium von Jesus Christus, daß sie sich zu dem bekehren, nach dem sie sich nennen. Dann kommt zu uns.» Der Gast aus Sri Lanka fuhr fort: «Glaubt nicht, daß wir daraufhin schweigen, aber ich muß euch sagen, daß es uns in Asien eine große Hilfe wäre, wenn sich in Europa die Menschen wirklich zu Jesus Christus bekehrten, die sich aus Tradition oder aus welchen Gründen immer Christen nennen.»

Gestörte Einheitsbemühungen?

Am Anfang des Buches erwähnte ich die Notwendigkeit, gegenüber den großen Nöten in der Welt zu einem gemeinsamen Handeln zu kommen. Armut, Hunger, Ungerechtigkeit und Umweltzerstörung müssen gemeinsam bekämpft werden. Nicht wenige sind deshalb heute der Meinung, daß alle Religionen und Weltanschauungen das Unterscheidende zurücktreten lassen müssen, um das die Menschen Verbindende stärker ins Bewußtsein zu heben.

Jesus wird anscheinend zum Störenfried der friedensfördernden Einigungsbemühungen, wenn er als der einzige Weg zu Gott und zum erfüllten Leben verkündigt wird. Auch der Glaube an Gott bietet keine hinreichend breite Basis, um alle zusammenzubringen. Was einigen soll, ist das Bemühen um Frieden, Gerechtigkeit und Bewahrung der Natur. Ich erwähnte schon, daß unter diesen Gesichtspunkten die Verkündigung von Jesus Christus als geradezu gemeingefährlich eingestuft und kritisiert wird.

Der katholische Theologe Hans Küng hat deshalb vorgeschlagen, die Wahrheit anderer Religionen anzuerkennen, ohne daß die Mitglieder jeweils die Besonderheit ihrer eigenen Religion aufgeben. Er weist den Anspruch der absoluten Wahrheit des Evangeliums von Jesus Christus zurück und bestimmt wahre Religion als solche, die menschliche Lebensbedingungen fördert, insbesondere die Menschenrechte. Dies nennt er den ethischen Maßstab für die Beurteilung wahrer Religion. Weiter kennt er ein religiöses Kriterium: die Treue einer Religion zu ihrem Ursprung, also zu ihren heiligen Schriften oder

Gründern, Buddha, Jesus, Mohammed usw. Er nennt es das Kriterium der Authentizität. Drittens kennt er noch ein besonderes christliches Kriterium: Christen bekennen Jesus von Nazareth als den Weg, die Wahrheit und das Leben für sich. So ist das Christentum für sie die wahre Religion. Das aber ist nur eine persönliche Feststellung.

Auf diesem Hintergrund läßt sich dann der Versuch der Einigung aller Religionen zur Förderung des Weltfriedens angehen.

Ich möchte zunächst einmal betonen, daß das Engagement für Frieden, Gerechtigkeit und Bewahrung der Schöpfung eine vorrangige und wichtige Aufgabe für Christen ist. Wenn wir an die Einzigartigkeit des Jesus Christus glauben, müssen wir zugleich zur Kenntnis nehmen, daß Gott durch Jesus die Welt liebt und erhält und sie retten möchte. Gott wird den neuen Himmel und die neue Erde schaffen. Der auferstandene Herr Jesus Christus versichert uns dessen. Jesus Christus ist Gottes Garantie der neuen Welt. Deshalb muß ein Nachfolger des Jesus Christus liebevoll und sorgfältig für mehr Gerechtigkeit, mehr Frieden und für die Bewahrung der Schöpfung, die Gott uns anvertraut hat, arbeiten.

Es gibt viele Bereiche im täglichen Leben, wo Christen mit Menschen anderer Religionen und Weltanschauungen zusammenarbeiten können, ohne daß sie Jesus als ihren Herrn verleugnen. Solche Zusammenarbeit muß nicht dazu führen, daß im Blick auf die Einzigartigkeit Jesu Christi Kompromisse gemacht werden. Es gibt sehr viel Sinnvolles und Notwendiges, das wir gemeinsam tun können. Als Christen setzen wir unser Vertrauen auf den auferstandenen Jesus, der uns die Zuversicht gibt, das nichts vergeblich ist, was wir nach seinem Willen in dieser Welt tun. Und das Eintreten für Gerechtigkeit, für Frieden und für die Bewahrung der Schöpfung entspricht nun wirklich dem Willen Gottes.

Obwohl ich die guten Absichten derer nicht verkennen will, die eine Weltgemeinschaft unter dem Ziel der Bemühung um Gerechtigkeit, Frieden und Bewahrung der Natur zusammenbringen wollen, muß ich doch Skepsis anmelden. Im Laufe der Geschichte ist aus guten Absichten schon häufig Verheerendes geworden.

Ich stimme mit Lesslie Newbigin überein, der schreibt: «Es gibt sicherlich eine gemeinsame Suche nach Heil; aber es ist gerade diese Suche, die die Welt in Stücke zerreißt, wenn sie nicht auf Gott ausgerichtet ist.»

Wenn wir uns nicht an den Wegweisungen des Schöpfers orientieren und aus seiner Kraft schöpferisch handeln, müssen wir notgedrungen die Schöpfung verabsolutieren, das heißt vergötzen. Die Entwicklung ist heute deutlich zu erkennen. Die politischen, wirtschaftlichen und ökologischen Krisen haben viele Menschen zu der Erkenntnis geführt, daß die Vergötzung des Menschen, der nach Gutdünken mit der Welt machen kann, was er will, verheerende Folgen hat. Was ist die Alternative? Nun wird die Erde als Göttin angesehen. Sonne, Mond und Sterne werden als Schicksalsmächte betrachtet. Dahinter steckt wohl die Hoffnung, daß wir Menschen mit der Erde schonender umgehen, wenn wir sie als Göttin verehren.

Wir beschreiten dabei aber nur einen parallelen Weg in die gleiche Richtung wie schon zuvor. Anstelle des Menschen wird die Natur vergötzt. Immer wenn wir die Schöpfung anstelle des Schöpfers verehren, geraten wir auf den Kurs der Zerstörung der Schöpfung – trotz aller guten Absichten.

Paulus schreibt in dieser Hinsicht einige harte und entlarvende Sätze: «Obwohl sie von Gott wußten, haben sie ihn nicht als Gott gepriesen noch ihm gedankt, sondern sind dem Nichtigen verfallen in ihren Gedanken, und ihr unverständiges Herz ist verfinstert. Da sie sich für Weise hielten, sind sie zu Narren geworden und haben die Herrlichkeit des unvergänglichen Gottes vertauscht mit einem Bild gleich dem eines vergänglichen Menschen und der Vögel und der vierfüßigen und kriechenden Tiere. Darum hat Gott sie in den Begierden ihrer Herzen dahingegeben in die Unreinheit, so daß ihre Leiber durch sie selbst geschändet werden, sie, die Gottes Wahrheit in Lüge verkehrt und das Geschöpf verehrt und ihm gedient haben statt dem Schöpfer, der gelobt ist in Ewigkeit. Amen. ... Und wie sie es für nichts geachtet haben, Gott zu erkennen, hat sie Gott dahingegeben in verkehrten Sinn, so daß sie tun, was nicht recht ist, voll von aller Ungerechtigkeit, Schlechtigkeit, Habgier, Bosheit, voll Neid, Mord, Hader, List, Niedertracht; Zuträger, Verleumder, Gottesverächter, Frevler, hochmütig, prahlerisch, erfinderisch im Bösen, den Eltern ungehorsam, unvernünftig, treulos, lieblos, unbarmherzig. Sie wissen, daß, die solches tun, nach Gottes Recht den Tod verdienen; aber sie tun es nicht allein, sondern haben auch Gefallen an denen, die es tun» (Römer 1,21-25.28-32).

Gerade wenn uns der Dienst für Gerechtigkeit, Frieden und Bewahrung der Schöpfung wichtig ist, müssen wir von der Illusion Abschied nehmen, wir könnten ohne Jesus dieser Welt wirklich Hilfe geben. Die in Mode gekommene religiöse Verehrung der Natur und der kosmischen Kräfte, wie sie uns in dem weiten Spektrum der New-Age-Religiosität einladend angeboten wird, wird uns unweigerlich in eine neue bittere Enttäuschung führen. Es ist deshalb keine Sabotage an einer Weltgemeinschaft zur Rettung des Friedens, wenn wir mit Eindringlichkeit Jesus als den Herrn und Retter der Welt verkünden. In ihm offenbart sich der Schöpfer und Herr des Himmels und der Erde, den der Psalmist anbetet: «Bei dir ist die Quelle des Lebens, und in deinem Lichte sehen wir das Licht» (Psalm 36,10).

Ohne Jesus verloren?

In vielen Diskussionen über die Bedeutung des Jesus Christus ist mir die vorwurfsvolle, geradezu anklagende Frage gestellt worden: Sollen denn wirklich alle, die nicht an Jesus Christus glauben und die nichts von ihm wissen, in Ewigkeit verloren sein? Was ist das denn für ein Gott? Läßt sich das mit der Liebe Gottes vereinbaren?

Ich möchte einmal dringend davon abraten, daß wir uns auf das spekulative Spiel einlassen, uns ein Gottesbild zu schaffen, mit dem wir möglichst widerspruchsfrei alles in der Welt erklären können. Von Gottesbegriffen erwartet man in der Regel, daß sie das leisten können. Sie sollen so etwas wie eine Weltformel sein. Wenn sie irgend etwas nicht hinreichend erklären, sind sie widerlegt. Das mag typisch für unsere religiöse Produktion von Gottesbildern sein. Der Gott, der sich in Jesus Christus als Schöpfer und Herr der Welt offenbart, läßt sich jedenfalls nicht in einen widerspruchsfreien Gottesbegriff fassen, den wir dann handhaben wie eine Formel, die alles erklärt.

Gott gibt sich in seiner Heiligkeit und seiner Liebe in Jesus Christus zu erkennen. Wir dürfen wissen, daß er ist und wie er ist. Er läßt uns über sein Gericht nicht im unklaren, und er vergewissert uns seiner Liebe im gekreuzigten und auferstandenen Jesus. Was Liebe Gottes ist, läßt sich genauso wie seine Gerechtigkeit und Heiligkeit einzig daran ablesen, wie er sich selbst redend und handelnd in der Geschichte Israels und in Jesus Christus offenbart. Und nachdem sich Gott nicht zu schade war, sondern sich erniedrigt hat bis zum Kreuz, um jeden zu retten, gibt es für uns alle keine Ausrede. Von Gottes Seite her ist völlig klar: «Gott will, daß allen Menschen geholfen werde und sie zur Erkenntnis der Wahrheit kommen. Denn es ist ein Gott und ein Mittler zwischen Gott und den Menschen, nämlich der Mensch Christus Jesus, der sich selbst gegeben hat für alle zur Erlösung» (1. Timotheus 2,4-6).

Niemand muß verlorengehen. Ein Mensch kann eigentlich nur in der Ablehnung der Liebe Gottes, wie sie uns im gekreuzigten Jesus begegnet, sein Leben vertun. Wer die Versöhnung mit Gott durch Jesus nicht zu brauchen meint, muß notgedrungen für sich selber vor dem Angesicht des heiligen Gottes geradestehen. Die Bibel spricht eine überaus deutliche Sprache: «Wer den Sohn hat, der hat das Leben; wer den Sohn Gottes nicht hat, der hat das Leben nicht» (1. Johannes 5,12).

Die Bibel macht sogar noch eine Grenzaussage im Blick auf die Menschen, die vor Jesus gelebt haben. Diese Aussage überschreitet allerdings bereits unser Vorstellungsvermögen. Deshalb ist die Bibel an dieser Stelle auch sehr zurückhaltend und gibt keiner ausufernden Fantasie Raum.

In 1. Petrus 3,18-20 heißt es: «Denn auch Christus hat einmal für die Sünden gelitten, der Gerechte für die Ungerechten, damit er euch zu Gott führte, und ist getötet nach dem Fleisch, aber lebendig gemacht nach dem Geist. In ihm ist er auch hingegangen und hat gepredigt den Geistern im Gefängnis, die einst ungehorsam waren, als Gott harrte und Geduld hatte zur Zeit Noahs, als man die Arche baute, in der wenige, nämlich acht Seelen, gerettet wurden durchs Wasser hindurch.» Und dann heißt es in 1. Petrus 4,6: «Denn dazu ist auch den Toten das Evangelium verkündigt, daß sie zwar nach Menschenweise gerichtet werden im Fleisch, aber nach Gottes Weise das Leben haben im Geist.»

Ohne jetzt auf Einzelheiten in diesem schwierigen Text einzugehen, will ich nur festhalten: Durch Jesus, den Auferstandenen, wird uns wie auch allen in der Totenwelt die Rettung auf eine Weise angeboten, die unsere Vorstellungsmöglichkeiten übersteigt. Wir brauchen also wirklich keine Sorge zu haben, daß Gott Defizite an Gerechtigkeit hat, denen wir aufhelfen müßten. Im Blick auf die Menschen, die heute nichts von Christus gehört haben, möchte ich keine leichten theologischen Erklärungen liefern. Ich habe den Verdacht, daß wir zur Rechtfertigung unserer Bequemlichkeit gerne ein theologisches System aufbauen möchten, daß Gott schon irgendwie allen zurechthilft. Was wir wissen, ist, daß Gott uns verantwortlich macht für die jetzt lebende Generation. Merkwürdigerweise sind wir in der Lage, Coca-Cola-Reklame, Fußballübertragungen und Waffen in die letzten Winkel dieser Welt zu transportieren. Wenn es aber um die rettende Nachricht von Jesus Christus geht, suchen wir nach tiefsinnigen Gründen, warum wir uns ganz auf unseren engsten persönlichen Bereich beschränken können. Gott aber gibt uns eine weltweite Aufgabe. Er macht uns verantwortlich dafür, daß wir mit anderen teilen, was wir von ihm geschenkt bekommen haben. Wir leben aus der Quelle, die Jesus Christus heißt. Daraus wächst die Verantwortung, allen Menschen zu sagen, daß es diese Quelle gibt und wo sie zu finden ist.

Es ist zwar durchaus Mode geworden, Jesus zu schulmeistern und ein Bild vom lieben Gott zu zeichnen, der nichts mit dem Gericht und schon gar nichts mit einer Verdammnis in Ewigkeit zu tun hat. Aber Jesus selbst sagt etwas anderes. In der Bergpredigt lesen wir: «Geht hinein durch die enge Pforte, denn die Pforte ist weit, und der Weg ist breit, der zur Verdammnis führt, und viele sind's, die auf ihm hineingehen. Wie eng ist die Pforte und wie schmal der Weg, der zum Leben führt, und wenige sind's, die ihn finden!» (Matthäus 7,13f).

Nach allem, was wir im 20. Jahrhundert an Grausamkeiten zustande gebracht haben, sind wir nicht die Richtigen, um Gott in Sachen Humanität und Liebe zu schulmeistern. Vielmehr sollten wir uns hüten, uns und anderen einen Gott zurechtzuschneidern, der zu allem Ja und Amen sagt, uns nicht in unsere eigenen Angelegenheiten hineinredet, aber zu allem nach unseren Wünschen seinen Segen geben soll.

Der Weg zur Gewißheit

Wir haben uns einige Grundaussagen der Bibel über Jesus vor Augen geführt und uns auch mit kritischen Einwänden beschäftigt. Damit ist aber noch nicht die Frage beantwortet, ob und wie jeder einzelne zu einer Gewißheit gelangt, daß Jesus wirklich der eine Weg zu Gott und damit zur Erfüllung unseres Lebens ist. Dieser Fragestellung wollen wir uns im folgenden zuwenden.

In Johannes 7,16f sagt Jesus: «Meine Lehre ist nicht von mir, sondern von dem, der mich gesandt hat. Wenn jemand dessen Willen tun will, wird er innewerden, ob diese Lehre von Gott ist oder ob ich von mir selbst aus rede.» Das ist der Weg zur Gewißheit, den Jesus weist. Machen wir uns klar, was in diesen wenigen Worten gesagt ist. Jesus nennt eine Bedingung dafür, daß man Gewißheit über seine Person bekommt. Kommt er aus der Ewigkeit Gottes, oder ist er nur ein Religionsstifter wie alle anderen? Ist er wirklich die Offenbarung des Schöpfers des Himmels und der Erde, oder ist das ein angemaßter Anspruch? Um diese Entscheidung geht es.

Jesus bietet hier den Weg an und nennt die Bedingung, unter der Gewißheit über diese Frage zu bekommen ist. Sie heißt: «Wenn jemand den Willen Gottes tun will ...» Wer bereit ist zu einer völligen Auslieferung an den Willen Gottes, der wird auf dem Wege dieser Erfahrung die Gewißheit über Jesus und damit über Gott bekommen. Das heißt ganz praktisch: Wer sich den Zehn Geboten oder den Maßstäben der Bergpredigt, ja auch den Versprechen und Zusagen Gottes aussetzt, kommt zur Wahrheit.

Jesus versperrt uns also die Ausrede, daß wir nicht glauben und keine Gewißheit finden könnten. Er sagt uns nicht: Wer den Willen Gottes tun kann ..., sondern: Wer bereit ist, den Willen Gottes zu tun, der wird erkennen, ob ich von Gott bin oder nicht.

Nun ein berechtigter Einwand: Kaufen wir bei dieser Methode nicht die Katze im Sack? Muß nicht die Reihenfolge umgekehrt sein? Erst müssen wir kritisch prüfen, ob Jesus wirklich der Sohn Gottes ist. Verdient er wirklich, daß wir unser ganzes Leben an ihn binden?

Wenn die kritische, objektive Prüfung ein gutes Ergebnis gebracht hat, dann können wir die Hingabe unseres Lebens erwägen. Aber Jesus empfiehlt hier offensichtlich den umgekehrten Weg. Die Erkenntnis gewinnt man, indem man sich rückhaltlos dem Willen Gottes ausliefert. Das erscheint haarsträubend. Wir testen doch zunächst ein Auto, und dann wird es gekauft.

Die kritische Prüfung ist die Grundlage der Erkenntnis in Naturwissenschaft und Technik. Es wird so lange wie möglich an der Wahrheit gezweifelt, es werden Experimente gemacht. Man traut nicht einem Versuch, man macht viele Versuche. Erst wenn der Beweis erbracht ist durch viele Experimente, dann kann man Konsequenzen daraus ziehen.

Wo kämen wir hin, wenn in Wissenschaft, Technik und alltäglichem Leben dieses Prinzip aufgegeben würde? Die Welt würde zu einem Chaos.

Aber schon zwischen Menschen verfahren wir nicht mehr so, wie wir es in Naturwissenschaft und Technik tun. Die Gewißheitsfindung im zwischenmenschlichen Bereich bedient sich offensichtlich anderer Methoden als die Gewißheitsfindung der Naturwissenschaft. Ein Beispiel: Würden wir mit naturwissenschaftlichen Methoden herausfinden wollen, ob ein Partner uns wirklich liebt, dann würden wir zu ganz fatalen Ergebnissen kommen. Das Mißtrauen und der Zweifel sind die naturwissenschaftlichen Mittel, mit denen wir der Wahrheit näherkommen. Karl-Heinz X. würde also seiner Braut ein hartnäckiges Mißtrauen entgegenbringen, er würde ihr auf keinen Fall sofort abnehmen – nur auf ihr Wort hin – , daß sie ihn liebt. Er würde sie auffordern, zum Psychiater zu gehen und eine Psychoanalyse durchführen zu lassen. Er würde sich erbitten, diese Unterlagen zunächst einsehen zu können. Er würde weiterhin einen Detektiv beauftragen, seine Braut heimlich zu beschatten, um Material für oder gegen die Wahrscheinlichkeit ihrer Liebe zu ihm zu sammeln. Das wären die kritischen Methoden im Dienste der Wahrheitsfindung.

Karl-Heinz X. würde garantiert zu dem Ergebnis kommen, das er vielleicht befürchtet hat. Er wird feststellen, daß seine Braut ihn nicht liebt. Mißtrauen zerstört nämlich. Sollte am Anfang der Untersuchung tatsächlich Liebe dagewesen sein, dann wird sie im Laufe der mißtrauischen Prüfung sicherlich restlos zerstört werden. Wir sehen: Das Mißtrauen und der Zweifel, die in der Naturwissenschaft hilfreiche Mittel sind, sind keine angemessenen Wege, um die persönliche Wahrheit zwischen zwei Menschen herauszufinden. Die Wahrheit wird gefunden, indem ich im Vertrauen etwas wage. Ich glaube dem Wort des andern. Und indem ich darauf setze, erfahre ich, daß er mich wirklich liebt. Die Methode ist also: Ich prüfe natürlich, soweit es möglich ist. Ich komme aber nicht zur letzten Gewißheit auf dem Wege der kritischen Prüfung. Ich wage es im Vertrauen und erfahre, ob mein Vertrauen begründet ist.

Es erschien als eine Zumutung, daß Jesus von uns erst die ganze Hingabe fordert und dann die Gewißheit liefern will. Nur sehen wir, daß wir in mancher Beziehung im Verhältnis der Menschen untereinander ganz ähnliches wagen müssen.

Wir könnten sehr viele Beispiele dafür nennen, daß wir im alltäglichen Leben oft nicht von kritisch geprüften und gesicherten Tatsachen, sondern vom Vertrauen ausgehen. Ohne den Akt des Vertrauens könnten wir gar nicht leben.

Wenn ich mich zu einem Arzt in die Behandlung begebe, überzeuge ich mich natürlich, soweit es geht, ob er etwas kann und ob er zuverlässig ist. Aber ganz gewiß kann ich vorher nicht aufklären, ob er mir gut will. Es bleibt ein Rest Wagnis im Vertrauen. Die Spritze, die er mir gibt, soll mich nicht töten, sondern heilen. Ich vertraue ihm und lasse ihn machen. Indem er handelt, wird mein Vertrauen als begründet und berechtigt bestätigt – oder eben nicht.

Wen das nicht überzeugt, der möge nur daran denken, wie er sich täglich beim Essen verhält. Da wird eine Suppe aufgetischt. Macht jemand einen chemischen Test, ob die Suppe vergiftet ist? Oder wie ist das beim Kaffee oder Tee gewesen? Natürlich machen wir das nicht. Wir kämen ja aus dem Testen gar nicht mehr heraus. Und im übrigen war die Suppe noch nie vergiftet. Das ist eben das Problem. Jeder, der an vergifteter Suppe gestorben ist, hat einen Teller zuviel geglaubt.

Es wird dabei deutlich: Wir können gar nicht leben, ohne zu vertrauen. Wir würden verrückt, wenn wir wirklich uns nur dem anvertrauen würden, was wir vorher bewiesen hätten. Natürlich gibt es gute Gründe, darauf zu vertrauen, daß die Suppe, die Mutter auf den Tisch setzt, nicht vergiftet ist. Immerhin, ein Restrisiko bleibt. Die Gewißheit hat man hundertprozentig erst nachher. So ist Leben ein fortgesetzter Vollzug von Vertrauensakten, aus denen dann gewisse Erkenntnisse folgen.

Diese Beispiele und Erläuterungen können uns nicht beweisen, daß Jesus die Wahrheit ist. Aber sie können uns den Weg veranschaulichen, den Jesus zur Wahrheitsfindung vorschlägt: Indem ich mich ihm ganz ausliefere, erfahre ich, daß er der Sohn Gottes ist, daß er hält, was er verspricht. Eins soll durch diese Beispiele auch bewiesen werden: nämlich der Irrtum der Behauptung, nur das sei wahr, was man mit naturwissenschaftlichen Methoden beweisen könne.

Bilder von dem Weg

Man kann einen unbekannten Weg ja auf zweierlei Art und Weise betrachten: Einmal nimmt man eine Landkarte und macht sich grundsätzlich klar, wie der Weg innerhalb seiner Umgebung verläuft. Das haben wir bisher getan. Wir haben den Weg, den Jesus vorschlägt, in Beziehung gesehen zu anderen Wegen der Wahrheitsfindung. Jetzt nehmen wir uns noch eine andere Methode vor, den Weg zu betrachten: Wir sehen uns einige Fotografien von diesem Weg an. Dabei hat man zwar nicht die Übersicht über alle Zusammenhänge, aber man sieht konkreter, wie der Weg aussieht.

Jesus hat gesagt: «Kommet her zu mir alle, die ihr mühselig und beladen seid, ich will euch erquicken!» – Das ist eine Aufforderung, die man ausprobieren muß, um ihre Stichhaltigkeit zu erfahren. Sachlich überprüfen kann ich zunächst, ob ich zu den Beladenen gehöre. Beladen mit Schuld, die ich vor Gott verantworten muß, aber nicht kann. Beladen mit allerlei Sorgen. Wenn ich also mit diesem Wort gemeint bin, will ich meine Lasten zu Jesus bringen. Im Gebet lade ich sie bei ihm ab: «Herr, auf dein Wort hin, das mich dazu auffordert, komme ich mit allen meinen Belastungen zu dir. Du willst mir Ruhe geben. Nimm mir ab, was ich nicht tragen kann. Nimm mich zu deinem Eigentum mitsamt allen meinen Lasten!» – Oder: In 1. Johannes 1,9 heißt es: «Wenn wir aber unsre Sünden bekennen, so ist Gott treu und gerecht, daß er uns die Sünden vergibt und reinigt uns von aller Ungerechtigkeit.» – Wieder ein Wort, dessen Wahrheit durch Wagnis und Vertrauen erfahren wird. Die einzige Bedingung ist, daß wir unsere Schuld vor ihm ausbreiten. Die allgemeine Feststellung, daß wir alle Sünder sind, hat noch niemandem weh getan. Hier geht es darum, ganz bestimmte Dinge, die wir getan haben oder schuldig geblieben sind, vor Gott zu nennen. Die Absage an Gott vollzieht sich in den einzelnen Lügen oder der Haltung der Verlogenheit. In dem Egoismus, der sich in nervösem und herrischem Wesen, in Rechthaberei und Habgier ausprägt. In Haß, der Gedanken, Worte und Taten produziert. In Unreinheit, die unsere Fantasie beeinflußt. In Diebstahl und Ehebruch. – Im Spiegel des Wortes Gottes werden uns diese Dinge schnell deutlich werden. Dies alles dürfen wir vor Jesus ausbreiten mit der Bitte um Vergebung um seines Kreuzestodes willen. Nun, sagt uns unser Wort, ist es nicht mehr eine Sache des Beliebens und der gnädigen Stimmung Gottes, daß er uns vergibt, sondern es ist Sache seiner Treue und Gerechtigkeit. Indem ich es auf dieses Wort hin wage, erfahre ich, daß Jesus wirklich Berge von Schuld abnimmt.

Durch sein Eingreifen in der Vergebung wird die Wirklichkeit meines Lebens verändert. Er gibt mir die Gewißheit der Vergebung, die ich mir selber nicht einreden kann und will. Die Gewißheit besteht nicht in einer Gedankenkombination meinerseits, sondern in dem bestätigenden Wort, das Jesus auf mein Bekenntnis hin spricht. Gewißheit kann mir ja immer nur von außerhalb meiner selbst zukommen. Ich wage auf sein Wort hin, meine Schuld bei ihm abzuladen, und höre seine Antwort.

Diese beiden Beispiele zeigen, wie man sich dem Willen Gottes ausliefern kann. Aber der wichtigste Schritt auf dem von Jesus vorgezeichneten Wege besteht in der umfassenden Auslieferung an seine Maßstäbe. «Wenn jemand dessen Willen tun will ...» – Was ist der Wille Gottes? Lesen wir die Bibel! Gott hat seinen Willen klar geäußert. Das wird ein Abenteuer, wenn wir die Bibel unter der Frage lesen: Herr, was ist dein Wille?

Was kann man mit der Bibel nicht alles machen! – Ich sah das Schaufenster einer Apotheke, in dem biblische Heilkräuter ausgestellt waren. Alle ausgestellten Pflanzen waren mit Namen und Bibelstellen versehen, an denen sie erwähnt werden. Irgend jemand hat sich daran versucht, aus der Bibel alle vorkommenden Rezepte herauszusuchen. Ein außerordentlich sinnvolles Unternehmen! Auch als Fundgrube für Quizfragen wird uns die Bibel empfohlen. – Es gibt unzählige Methoden der Bibelquälerei. Die Bibel schließt sich aber nur auf, wenn sie unter dem fragenden Gebet gelesen wird: «Herr, was willst du von mir?»

Der Weg zur Gewißheit geht über die Auslieferung an diesen Willen Gottes. Wer geistig ernst genommen werden will, kann schlecht eine Absage an den christlichen Glauben machen, ohne die Bibel selbst – die Quelle – gelesen zu haben. Noch nie hat es eine Zeit gegeben, in der jeder so billig eine Bibel erwerben konnte. Weitaus die meiste Zeit seit Jesu Geburt war es dem allergrößten Teil der Christen nicht möglich, eine eigene Bibel zu besitzen. Warum gehen wir nicht an die Quelle, um den Willen Gottes zu erfahren?

An zwei Stellen der Bibel wird der Wille Gottes besonders gedrängt ausgedrückt: in den Zehn Geboten und in der Bergpredigt Jesu (2. Mose 20 und Matthäus 5-7). Obwohl beide Abschnitte den Willen Gottes nicht erschöpfend für alle Lebenslagen enthalten, wird er hier doch für die wichtigsten Gebiete präzise formuliert. Messen wir unser Leben daran! Hören wir, was Jesus über Wahrhaftigkeit, Reinheit, Selbstlosigkeit und Liebe zu sagen hat! Liefern wir uns diesem Willen Gottes rückhaltlos aus!

Bitte keine Hörfehler! Es heißt nicht: Wer sein Leben nach den Maßstäben der gängigen bürgerlichen Moral einrichtet; wer tut, was man anständig nennt, wird Gewißheit über Jesus bekommen. Sondern: Wer bereit ist, sich dem Willen Gottes auszuliefern …! Wir werden bei diesem Tun wichtige Erfahrungen sammeln. Erfahrungen über unser eigenes Leben, wie es sich im Lichte Gottes darstellt. Wir werden plötzlich wissen, warum es ein Kreuz Jesu gibt. Wir werden durch Not und Erschrecken zu einer befreienden Gewißheit über Jesus gelangen.

Das ist der Weg zur Gewißheit, den Jesus weist. Vielleicht darf man sich die Sache so verdeutlichen: Der Umgang mit Jesus schafft Gewißheit über Jesus. Wer ins Wasser springt, braucht nicht mehr darüber zu rätseln, ob Wasser naß ist. – Oder mit einem anderen Bilde: Ich betrete eine Plattform, und indem ich meine beiden Füße daraufsetze, erfahre ich, daß der Boden trägt.

Die zwölf Männer des engsten Kreises um Jesus sind diesen Weg zur Gewißheit gegangen und nach ihnen unzählige andere. Der Sprecher des Apostelkreises, Petrus, hat in einer sehr kritischen Situation seinen Weg zu Jesus so beschrieben: «Herr, du hast Worte des ewigen Lebens; und wir haben geglaubt und erkannt: Du bist der Heilige Gottes» (Johannes 6,68f). Zuerst war da das Angebot und der Anspruch Jesu (hier beschrieben als Worte, die ewiges Leben schaffen). Dann folgen im Leben der Jünger zwei Schritte: glauben und erkennen. Das heißt: sie haben auf die Worte Jesu vertraut, sich Jesus ausgeliefert und die Wahrheit der Worte erfahren. Immer geht es bei der Gewißheitsfindung um diese beiden Schritte in dieser Reihenfolge.

Eine doppelte Gewißheit ist nötig!

Worüber wollen wir Gewißheit haben? Zunächst darüber, ob Gott wirklich lebt. Der Leser wird hier zustimmen: um die Frage geht es uns vor allem. Warum aber muß man denn überhaupt von Jesus sprechen? Viele wollen doch gar nichts von Jesus, sie wollen über Gott Gewißheit haben.

Nun, das ist nicht zweierlei. Der lebendige Gott, Schöpfer und Richter der Welt, hat sich uns in Jesus Christus geoffenbart. Wenn es überhaupt Erkenntnis Gottes gibt, dann nur in diesem Jesus. Entweder ist Jesus die Offenbarung Gottes, dann müssen wir Gewißheit über die Wahrheit seines Anspruches haben, um über Gott Bescheid zu bekommen. Oder er ist nicht die Offenbarung Gottes, dann kann man über Gott nur Vermutungen anstellen, dann muß man auf jede gewisse Aussage verzichten.

Wir haben nun ausführlich dargestellt, daß es keine Erkenntnis Gottes gibt, bei der ich selber neutral Abstand von Gott halten könnte. Gott gegenüber ist «Erkenntnis und Anerkenntnis ein und derselbe Akt», wie es Helmut Gollwitzer beschrieben hat.

Damit hängt zusammen, daß es für uns gar nicht nur um die Frage gehen kann, ob Gott wirklich lebt oder nicht. Ich brauche nicht nur Gewißheit, daß Gott existiert, sondern auch darüber, wie er zu mir steht. Ist er mein Freund oder mein Feind? Wie denkt er über mein Leben? Ich muß Gewißheit gewinnen, daß ich im Frieden mit Gott lebe. Hier sind wir wieder an einem Punkt, wo es bei vielen geradezu als fromm gilt, im Nebel zu leben.

«Vergebung der Sünden? – Da kann man doch nur auf Gottes Barmherzigkeit hoffen, das kann man doch nicht sicher wissen!» – «Es ist doch eine Anmaßung, Sicherheit haben zu wollen.» – So oder ähnlich sagen viele. Diese Einwände klingen zwar sehr demütig und fromm, stehen aber im Gegensatz zur biblischen Botschaft.

Habe ich Frieden mit Gott? Sind mir alle meine Sünden, die mich von Gott trennen, vergeben? Bin ich von Gott als Kind angenommen? Diese Fragen muß ich stellen. Und jeder kann für sich eine sichere Antwort bekommen. Es gibt einen Grund für die Vergebung meiner Schuld, der mich ganz gewiß macht, weil er stark ist. Und es gibt einen Zeugen, der mir die Gewißheit vermittelt, die ich mir selber nicht zusprechen kann.

Wenn wir wissen wollen, ob unsere Schuld vergeben ist, blicken wir auf das Kreuz Jesu. «So sehr hat Gott die Welt geliebt!» – «Siehe, das ist Gottes Lamm, welches der Welt Sünde trägt!» Wenn ich meine Schuld unter Jesu Kreuz bringe, darf ich ganz gewiß sein, daß sie vergeben ist. Jesus hat sie auf sich genommen. Jesus wäre vergeblich gestorben, wenn jetzt doch alles unsicher und offen bliebe.

Der Verzicht auf Gewißheit der Vergebung der Sünden ist einfach eine Schmälerung der Bedeutung des Kreuzes. Ja, dieser Verzicht ist eine Beschuldigung Gottes, als hätte er nicht genug getan. In dem Gekreuzigten hat uns Gott auf eindringliche Weise vor Augen gestellt, wie er über uns denkt, was er mit uns und unserer Schuld tun will. Und wir wollen immer noch sagen: «Genau wissen kann man es nicht, woran wir mit Gott sind»? Schauen wir doch ins Neue Testament! Wo ist denn da das unsichere Vermuten und Hoffen, daß Gott vielleicht die Sünden vergibt? Überall tritt uns strahlende Gewißheit entgegen.

Um nur zwei Stellen zu nennen: Paulus sagt: «Wer will verdammen? Christus Jesus ist hier, der gestorben ist, ja vielmehr, der auch auferweckt ist, der zur Rechten Gottes ist und uns vertritt» (Römer 8,34). Und Johannes: «Das Blut Jesu, seines Sohnes, macht uns rein von aller Sünde» (1. Johannes 1,7). Das Kreuz Jesu ist keine unsichere Vermutung. Es ist eine Tatsache. Und so real wie die Kreuzigung, so real ist die Vergebung. Deshalb gibt es Gewißheit.

Nun reicht es aber auch nicht, daß jemand mich auf diese Tatsache des Kreuzes hinweist. Die Gewißheit muß wirklich meine Gewißheit werden. Ich muß gewiß sein, daß meine Sünden vergeben sind, daß ich als Kind Gottes angenommen werde. Ich will mir das doch nicht einreden.

Es gibt einen zuverlässigen Zeugen, der uns diese persönliche Gewißheit vermittelt. Paulus sagt in Römer 8,16: «Der Geist (Gottes) selbst gibt Zeugnis unserm Geist, daß wir Gottes Kinder sind.» – Hier liegt der Schlüssel zur persönlichen Gewißheit. Der Geist Gottes tritt als Zeuge neben meinen Geist und spricht mir zu, was am Kreuz für alle und jetzt besonders für mich geschehen ist. Der Heilige Geist ist es, der uns sozusagen das Licht andreht, daß wir das Kreuz Jesu richtig sehen können. Nämlich so, daß ich begreife: dort stirbt Jesus für mich, und damit sind alle meine Schulden ausgelöscht. Wer dies für sich begreift, der erlebt ein Wunder des Heiligen Geistes.

Nun wird einer einwenden: Leider habe ich den Heiligen Geist augenscheinlich nicht. Wie soll ich Gewißheit bekommen?

Nun, den Heiligen Geist bekommt man nicht so willkürlich oder zufällig wie das große Los, das eben immer nur wenigen zufällt. Jesus gibt uns in Lukas 11,9-13 die Antwort: Ein menschlicher Vater wird seinem Sohn, der ihn um Brot bittet, keinen Stein geben. Das ist in der Regel so. Nun zieht Jesus die entscheidende Konsequenz: «Wenn nun ihr, die ihr böse seid, euren Kindern gute Gaben geben könnt, wieviel mehr wird der Vater im Himmel den heiligen Geist geben denen, die ihn bitten.» – Das ist eine klare Zusage. Entschuldigen wir uns also nicht, wo es keine Entschuldigung gibt. Auf unsere Bitte hin will Jesus uns den gewißmachenden Zeugen schicken.

Auf den Weg gebracht?

Zum Abschluß dieses ersten Teils wollen wir unsere Aufmerksamkeit noch einmal gründlicher auf das zentrale Wort Jesu richten: «Ich bin der Weg und die Wahrheit und das Leben; niemand kommt zum Vater außer durch mich» (Johannes 14,6). Dieses Wort ist nicht die einzige Begründung für das absolute Angebot und den absoluten Anspruch des Jesus Christus, aber es bringt alle Fragen, die wir in diesem Zusammenhang stellen, auf den Punkt.

Es wäre allerdings ein Widerspruch in sich selbst, würden wir aus der Botschaft Jesu einen Standpunkt machen. Er ist der Weg. Er möchte also, daß wir ihn begehen. Das ist etwas ganz anderes, als auf einem christlichen Standpunkt zu verharren. Wenn wir uns auf Jesus einlassen, kommt nicht nur in unser Denken, sondern auch in unser Leben Bewegung.

Bedenken wir also noch einmal, was uns hoffentlich auf den Weg bringt.

1. Der Weg ist nicht gefragt

Jesus sagt: «Niemand kommt zum Vater außer durch mich.» – Ist Jesus demnach nicht nur die Lösung für ein begrenztes Problem? Wer will denn schon zum Vater? Wenn die Kaffeemühle kaputt ist, bringe ich sie zum Mechaniker. Der Mechaniker hat einen ganz bestimmten Aufgabenbereich, und wenn ich Probleme lösen muß, die in diesen Aufgabenbereich hineinfallen, dann suche ich ihn auf. Ich werde mit Halsschmerzen nicht zum Mechaniker gehen. Dafür ist der Arzt zuständig.

Es scheint so, daß Jesus in ähnlicher Weise nur für einen ganz bestimmten Bereich von Fragen zuständig ist. Er ist der Weg für solche Leute, die zum Vater wollen. Wer will schon zum Vater? Sind das die religiös Interessierten, die es immer noch nicht lassen können, in die Kirche zu rennen? Oder sind das die Leute mit den seelischen Schäden? Wir wollen unser Leben bewältigen. Wir wollen uns bemühen, unsere Kinder mit Anstand großzuziehen. Wir möchten einen halbwegs vernünftigen Beruf haben und vielleicht etwas mehr als unser finanzielles Auskommen. Aber wer will schon zum Vater? Stellen wir uns vor, ein Arzt sagt zu seinem Patienten: «Diese Medizin ist gegen Ihre Krankheit.» Darauf sagt der Patient: «Aber ich will ja gar nicht krank sein!» – Nicht wahr, das wäre Vogel-Strauß-Medizin!

Ob er krank ist oder nicht, das hängt doch gar nicht von seinem Wollen ab, das ist eine Tatsache, an der er nicht vorbeikommt. Die Frage ist, wie er gesund wird. Auf jeden Fall wird er nicht dadurch gesund, daß er die Krankheit einfach leugnet.

Mit dem zitierten Wort Jesu gehen viele von uns ähnlich um. Jesus sagt, daß er der einzige Weg zum Vater ist. Man antwortet ihm: «Wir wollen ja gar nicht zum Vater!» – Dabei stehen wir hier vor Notwendigkeiten und Tatsachen, an denen wir nicht vorbeikönnen: Wir sind krank an Gott. Das Urproblem unseres Lebens ist das gebrochene Verhältnis zu Gott. Ein sinnvolles Leben und Sterben gibt es nur, wenn wir Frieden mit Gott haben. Aber wir sind Feinde Gottes. Wir sind fern von ihm.

Jesus ist der Weg zum Vater. Das ist ein Angebot an alle, nicht nur an die religiös Interessierten. Das gilt auch denen, die von selbst gar nicht die Frage stellen: Wie komme ich zurück zu Gott? Und wer stellt schon diese Frage? Der Weg, den Jesus hier weist, ist auch von einer anderen Gruppe von Menschen nicht gefragt. Von denen, die ihre eigenen Wege zum Vater zu finden meinen.

Wer ist denn dieser Gott, zu dem wir in eigener Kraft und Regie die Brücke wieder bauen können? Träumen wir nicht von einem Gott, mit dem wir selbst leicht fertig werden? Der Widerwillen vieler von uns gegen den Absolutheitsanspruch des einen lebendigen Gottes ist menschlich sehr verständlich. Es ist sehr viel angenehmer, sich einen Gott vorzustellen, mit dem man leicht allein ins reine kommt. Und Gottesbilder werden uns ja in reichlicher Auswahl angeboten. Sozusagen auch im Selbstbaukasten, damit jeder seine eigenen kleinen Besonderheiten in sein Gottesbild einbauen kann. Wie ein Fuchs unter die Hühner fährt das Wort Jesu unter die religiösen Spielereien: «Ich bin der Weg, niemand kommt zum Vater außer durch mich.» Es gilt: Jesus ist der Weg, auch wenn er von uns nicht gefragt ist. Wie aber begründet er seinen Anspruch?

2. Jesus ist der Weg, weil er die Wahrheit ist

In dem Wort Jesu sind die Ausdrücke Weg, Wahrheit, Leben nicht gedanklich nebeneinandergestellt, sondern einander untergeordnet. Wir müßten den griechischen Text wohl sinngemäß wiedergeben: «Ich bin der Weg, d.h. die Wahrheit und das Leben.» – Jesus ist der Weg, weil er die Wahrheit und das Leben ist.

Die erste Behauptung wird scheinbar durch eine zweite unerhörte Behauptung begründet. Versuchen wir zu verstehen, wie diese Begründung lautet.

Jesus sagt nicht nur die Wahrheit, er ist die Wahrheit. Das heißt, ohne Jesus gibt es keine Wahrheit in der Welt und über die Welt. Machen wir uns an einem Beispiel diese weitreichende Aussage klar: Jemand bekommt den Auftrag, von Kassel nach München zu fahren und einen Bericht darüber zu schreiben, was er auf dem Wege beobachtet hat. Er steigt in seinen Wagen und fährt aus Versehen auf der Autobahn in die falsche Richtung, nämlich nach Hamburg. Er macht aufmerksam genaue Beobachtungen. Er sieht vielerlei. Er schreibt einen ausführlichen Bericht.

Dieser Bericht enthält lauter Wahrheiten. Er berichtet das, was er gesehen hat. Aber das Ganze ist doch falsch, denn er sollte nicht den Weg von Kassel nach Hamburg, sondern den von Kassel nach München beschreiben. Die Teilbeobachtungen sind richtig, aber die ganze Aufgabe ist verfehlt, und deshalb ist es letztlich doch nicht die Wahrheit, die gefordert war.

Jesus ist die Wahrheit über die Welt. Es gibt keine vollständige Aussage über die Welt ohne Jesus. Durch ihn allein kann man etwas sagen über das Wohin und Warum, über Grund und Ziel der Welt. Ein Theologe hat Wahrheit erklärt als «geoffenbarte Gotteswirklichkeit». Ohne Jesus, die Wahrheit, sehen wir nur eine unvollständige und verzerrte Wirklichkeit. Denn Jesus ist die geoffenbarte Gotteswirklichkeit. Seitdem Jesus gekommen ist, wissen wir, mit wem wir es zu tun haben: Gott ist nicht mehr unbekannt. Wir wissen, daß er ein rettender Gott ist, denn er hat seinen Sohn ans Kreuz nageln lassen, damit die Sünde der Welt getragen wird. Wir wissen, daß er ein richtender Gott ist, denn Jesus ist die Krise des Menschen und der Welt. Indem wir ihn annehmen, haben wir Frieden mit Gott.

Indem wir ihn verschmähen, ziehen wir uns Gottes Gericht zu. Jesus offenbart uns Gott als den Richter.

Für unsere Vorstellung ist Wahrheit meist etwas ganz Allgemeines. Wir lieben die Wahrheit, die so blaß und abstrakt ist, daß sie uns nicht weh tut. Jesus ist die Wahrheit, und diese Wahrheit tut weh. Denn sie greift tief in unser Leben hinein. Sie reißt Wunden auf, wo wir längst keine Wunden mehr vermutet haben. Sie reißt das Gras weg, das wir schon über unserer Schuld wachsen sahen. Die Wahrheit deckt unser Leben im Angesichte Gottes auf. Die Wahrheit heilt uns auch. Auch darin greift sie tief in unser Leben ein. Die heilende Wahrheit – das ist der für uns am Kreuz sterbende Jesus Christus. Jesus, die Wahrheit, läßt uns nicht in Ruhe. Aber oft wollen wir vor allen Dingen unsere Bierruhe. Wo aber ein Mensch ist, der Hunger nach Wahrheit hat, dem gilt die Botschaft des Neuen Testamentes, dem gilt das Wort Jesu ganz besonders. Sein Leben wird durch die Wahrheit geheilt.

Die Wahrheit ist, daß wir vor Gott verlorene und verdammte Leute sind. Die Wahrheit ist, daß Jesus am Kreuz für uns gestorben ist. Die Wahrheit ist, daß Jesus auferstanden ist. Wir können in Gemeinschaft mit ihm leben. Die Wahrheit wirkt immer wie Licht. Und Licht muß bis in den Keller des Hauses getragen werden, damit alles hell und wahr wird. Wer Gottes Wahrheit hört, erfährt immer zugleich die Wahrheit über sich selbst, oder er hat nichts begriffen. Jesus ist der Weg, weil er die Wahrheit ist. Die Wahrheit, die in unser Leben eindringt und es dadurch bewerkstelligt, daß wir von Feinden Gottes zu Kindern Gottes werden. Als die Wahrheit ist Jesus der Weg zum Vater.

Unzählige Male ist den Christen der Vorwurf gemacht worden: «Ihr seid hochmütig. Ihr habt wohl die Wahrheit für euch gepachtet?» – Der Vorwurf des Hochmuts wäre berechtigt, wenn hier Menschen sich eine Weltanschauung ausgedacht hätten und nun behaupteten: Das ist die einzige Wahrheit. So verhält es sich aber nicht. Jesus ist gekommen und mit ihm die Wahrheit!

Stellen wir uns vor, in Deutschland ist schon Tag und wir führen ein Telefongespräch mit einem Menschen von der anderen Seite des Erdballs, für den es noch Nacht ist. Wir teilen ihm mit: «Bei uns ist es hell.» – Was nun, wenn der andere antworten würde: «Ihr seid hochmütig! Wie könnt ihr sagen, daß es bei euch hell ist, während es bei uns doch dunkel ist?» – Nicht wahr, dieser Vorwurf des Hochmuts wäre unbegründet. Was können wir dafür, daß die Sonne aufgegangen ist? Das ist nicht menschliches Verdienst. Jesus ist gekommen, das heißt: die Sonne der Gewißheit ist aufgegangen. Wir brauchen nicht mehr im Dunkel des Zweifels und der Vermutung zu leben. Das ist nicht das Verdienst der Christen. Genausowenig wie es das Verdienst der Menschen ist, daß die Sonne aufgeht. Der Anspruch Jesu, daß er der Weg ist, wird in dem Wort, das wir betrachten, doppelt begründet. Wir sprachen bisher darüber: Jesus ist der Weg, weil er die Wahrheit ist. Jetzt müssen wir den anderen Schritt noch tun:

3. Jesus ist der Weg, weil er das Leben ist

Jesus zeigt uns nicht nur das Leben, wie etwa ein irdischer Weisheitslehrer uns Anleitung geben könnte, das Leben richtig zu leben. Jesus ist auch nicht nur unser Trainingspartner für das Leben. Das würde bedeuten, daß er nach einer vorgeschriebenen Methode mit uns das Leben einübt. – Man muß sogar sagen: Jesus verteilt nicht nur das Leben, so wie vor einiger Zeit in einer deutschen Großstadt ein Radiohändler Fernsehapparate für einen Pfennig verteilte.

Es heißt: Jesus ist das Leben. Deshalb kann es in 1. Johannes 5,12 heißen: «Wer den Sohn Gottes hat, der hat das Leben.»

Es ist das Kennzeichen des Todes, daß wir durch ihn von allem losgerissen werden, was wir besitzen und liebhaben und was zu unserm Leben gehört. Nun sagt uns die Bibel, daß der Tod eine Konsequenz der Sünde ist. Wir sind losgerissen von Gott. Und auf diesem Weg ohne Gott werden wir enden in dem Tode, der uns losreißt von allem, was uns lieb ist.

Die Welt wird uns zerbrechen. Das heißt Tod. Ich sehe vor mir die Graphik des Malers Schmidt-Rotluff, in der er Jesus und die beiden Jünger auf dem Wege nach Emmaus zeigt. Im Hintergrund die Welt, die in ihre Einzelteile – in geometrische Formen – aufgelöst und zerbrochen ist. Die beiden Jünger sind dargestellt als gebeugte Gestalten. Ihnen ist seit Karfreitag die Welt zerbrochen, und daran zerbrechen sie selber. Aber auf dem Hintergrund der zerbrochenen Welt und zwischen den gebeugten Jüngern steht gerade und strahlend der auferstandene Herr. Er hat den Tod überwunden. Diese Großmacht kann ihm und damit den Jüngern, die in seiner Gemeinschaft leben, nichts mehr anhaben. Er, der Todesüberwinder, bringt seine Jünger durch. Jünger Jesu sind Teilhaber beim Auferstandenen geworden.

Tod bedeutet, daß wir losgerissen werden von allem. Im Augenblick aber, wo wir in der Gemeinschaft mit dem auferstandenen Herrn leben, kann uns der Tod nicht mehr losreißen vom Leben, weil er uns nicht mehr losreißen kann von Jesus. So ist Jesus der Weg zum Vater. Der Tod will uns auch von Gott trennen. Er will uns endgültig von ihm losreißen. Er kann uns aber nicht von Jesus losreißen, wenn wir ihm gehören. Deshalb ist Jesus der Weg zum Vater, weil er das Leben ist. Wo alle Führer in der Sackgasse des Todes steckenbleiben, zeigt sich Jesus als der Weg. Wer mit dem Tode selber nicht fertig wird, kann uns auch aus der Not des Todes keinen Ausweg zeigen.

Wir dürfen Jesus mit hineinnehmen in die Dunkelheit des Todes, an die Sterbebetten unserer liebsten Menschen, an die Gräber und vor allem auch in die Nacht des eigenen Sterbens. Der Tod kann uns von Jesus, dem Leben, nicht mehr losreißen. Hier liegt ein entscheidender Unterschied zwischen den Religionen und der Botschaft von Jesus Christus, dem Evangelium. Wir müssen vor allen Dingen mit zwei großen Problemen fertig werden: mit der Schuld und dem Tod. Diese Notwendigkeit wird zum Prüfstein für alle Weltanschauungen und Religionen. Sie wissen im letzten keine Lösung für die Schuldfrage. Sie können die Schuld nur bagatellisieren, nicht beseitigen. Sie wissen keine Antwort auf den Tod, sie können ihn nur beschönigen, verniedlichen oder so grausam annehmen, wie er ist, aber nicht überwinden.

Darin erweist sich das Evangelium als Botschaft aus der Ewigkeit. Hier wird Antwort gegeben auf die Schuldfrage, nämlich im Kreuz Jesu. Hier wird Antwort gegeben auf die Todesnot, nämlich durch den Auferstandenen.

Jesus spricht: «Ich bin der Weg und die Wahrheit und das Leben; niemand kommt zum Vater außer durch mich.»

II. Jesus im Koran und in der Bibel

Was im ersten Teil entfaltet wurde, möchte ich jetzt vertiefen und präzisieren, indem ich das Gespräch mit dem Islam suche. Es geht mir vor allem darum, sorgfältig die Aussagen des Koran über Jesus zu lesen und zu verstehen. Aus diesem Blickwinkel werden wir auch die Aussagen der Bibel über Jesus mit neuer Schärfe sehen.

Ich denke, es wird manchen Leser überraschen, wieviel der Koran über Jesus zu sagen hat. In einer Welt, in der die Menschen verschiedener Kulturen und Religionen immer näher zusammenrücken, ist es unbedingt nötig, daß wir die Überzeugungen anderer von innen her zu verstehen lernen.

Ich kann von mir selber sagen, daß mir die Auseinandersetzung mit dem Islam sehr geholfen hat, das Evangelium von Jesus Christus besser und tiefer zu verstehen.

Jesus, der Prophet

Jesus ist nach dem Koran ein Prophet (nabi) und ein Gesandter Gottes (arabisch: rasul). Die 2. Sure legt den Moslems ein Bekenntnis in den Mund, das folgendermaßen lautet*:

---

* Die Übersetzung des Koran aus dem arabischen Original ins Deutsche bereitet schwierige Probleme. Wir zitieren hier den Koran nach der deutschen Übersetzung von Rudi Paret. – Weil die Ausdrucksweise des arabischen Koran oft abgekürzt ist und eine Wort-für-Wort-Übersetzung ins Deutsche unverständlich wäre, fügt Paret in Klammern die zum Verständnis notwendigen Bindeglieder ein. «Der Gesamttext ist so formuliert, daß das, was außerhalb der Klammern steht, im wesentlichen den eigentlichen Wortlaut des Originals wiedergibt. Der Leser muß sich aber darüber klar sein, daß die eingeklammerten Textpartien nicht eigentlich zum Original gehören, sondern Zusätze des Übersetzers sind, und daß hier immer mit Interpretationsfehlern oder wenigstens mit noch anderen Möglichkeiten der Deutung gerechnet werden muß», schreibt Paret über seine Übersetzung in der Einleitung (S. 3). – Nur in einzelnen Fällen ziehen wir die deutsche Übersetzung von Ullmann/Winter und die englische Übersetzung von A.J. Arberry, The Koran Interpreted, vergleichsweise hinzu.

«Sagt: Wir glauben an Gott und (an das), was (als Offenbarung) zu uns und was zu Abraham, Ismael, Isaak, Jakob und den Stämmen (Israels) herabgesandt worden ist und was Mose und Jesus und die Propheten von ihrem Herrn erhalten haben, ohne daß wir bei einem von ihnen (den anderen gegenüber) einen Unterschied machen» (Sure 2,136).

Jesus steht in der langen Reihe der Gesandten, die Gott der Menschheit in ihren verschiedenen Teilen gesandt hat. Von Adam bis Zacharias, dem Vater von Johannes dem Täufer, und über Jesus bis Mohammed geht die Reihe. Die meisten dieser Gesandten sind Männer, die uns aus dem Alten und Neuen Testament bekannt sind, nur einige entstammen der außerbiblischen, arabischen Tradition. Grundsätzlich sind diese Gesandten ranggleich, wie der zitierte Vers deutlich ausspricht. Weitere Prophetenlisten finden sich in Sure 4,163; Sure 6,84-86; Sure 33,7.

Gegenüber dem Anspruch der Christen, daß Jesus eine Sonderstellung gebühre, betont Sure 5,75: «Christus, der Sohn der Maria, ist nur ein Gesandter. Vor ihm hat es schon (verschiedene andere) Gesandte gegeben.» Fragen wir nun, was sich hinter dem Titel «Prophet», «Gesandter» verbirgt. Was sind die typischen Kennzeichen eines Gesandten Gottes nach dem Koran?

Die Botschaft
Das Wesentliche am Propheten ist seine Botschaft. Alle Propheten, die der Koran kennt, haben dieselbe Botschaft. Sie verkündigen, daß es nur einen Gott gibt, und kämpfen gegen die Götzen. Sie verkündigen den kommenden Tag des Weltgerichtes Gottes, und sie lehren die Verrichtung des Gebetes und das Almosengeben.

In der dritten und neunzehnten Sure wird ausführlich über die Geburt Jesu berichtet. Dort werden auch wesentliche Bestandteile seines Prophetenamtes aufgezählt. Das Kind Jesu spricht in der Wiege:

«Ich bin der Diener Gottes. Er hat mir die Schrift gegeben und mich zu seinem Propheten gemacht. Und er hat ... mir das Gebet ... (zu verrichten) und die Almosensteuer ... (zu geben) anbefohlen, solange ich lebe ...» (Sure 19,30f).

In dem «Ich bin der Diener Gottes» drückt sich das Bekenntnis zu dem *einen* Gott aus. An anderer Stelle, die wir später zitieren werden, bezeichnet es Jesus ausdrücklich als seine Botschaft, die Einzigkeit Gottes zu verkünden. – Gebet und Almosen sind in unserer Stelle auch erwähnt.

Für einen Christen ist es erstaunlich zu lesen, daß Gott Jesus selbst ein Buch offenbart habe. Heißt es doch im Neuen Testament, daß in der *Person Jesu Christi* der lebendige Gott sich offenbart. Die Bibel ist demgegenüber etwas Sekundäres; sie ist das Zeugnis davon, daß Gott in Jesus Mensch geworden ist. Aber zu einem richtigen Propheten im islamischen Sinne gehört, daß ihm von Gott ein *Buch* geoffenbart wird.

Nach koranischer Auffassung bekam Jesus das Buch des Evangeliums, so wie Mose die Thora, das Gesetz, und wie schließlich und endgültig Mohammed den Koran erhielt. Allerdings ist es im Koran nicht sicher auszumachen, welche Gestalt diese Schrift Jesu gehabt haben soll. Sie ist wohl kaum mit dem vorfindlichen Neuen Testament identisch. Ist die Botschaft aller Gesandten Gottes die gleiche, dann muß wohl auch angenommen werden, daß die geoffenbarten Bücher ähnlichen Inhalts waren. Wir müssen später noch einmal zusammenhängend über die Stellung des Moslems zum Alten und Neuen Testament sprechen.

So viel zur charakteristischen Botschaft des Gesandten. Wie alle Propheten, so predigt auch der Prophet Issa (das ist die koranische Form des Namens Jesus) vor allem die Verehrung des einen Gottes, die Verrichtung des Gebetes und das Almosengeben.

Wenn der Koran also die biblischen Gestalten als Propheten übernimmt, so werden aber die einzelnen Geschichten und Besonderheiten der Männer im Interesse der zentralen Botschaft des Islam verändert und vereinheitlicht. Wohin diese Botschaft der Propheten, deren «Siegel» Mohammed ist, zielt, das spiegelt sich in den religiösen Pflichten der Moslems wider. Diese Pflichten sind zusammengefaßt in den sogenannten fünf Säulen des Islam.

Die erste Säule ist die Rezitation des Bekenntnisses zu dem einen und einzigen Gott. Aller Götzendienerei wird der Kampf angesagt. Fünfmal am Tag ruft der Muezzin von seinem Minarett – so nennt man die schlanken Türme, die neben den Moscheen stehen – : Gott ist der Größte. Es ist kein Gott außer Gott ... (La-ilaha-illa-Allah). Dies ist das Grunddogma des Islam. Die Fortführung «... und Mohammed ist sein Gesandter» ist so etwas wie die Sicherung des Bekenntnisses zu dem einen Gott. Gegen alle Verfälschungen des Monotheismus ist durch Mohammed die endgültige Offenbarung von dem einzigen Gott gekommen.

Die zweite Säule heißt: Gebet. Wie gesagt, ruft der Muezzin die Gläubigen fünfmal am Tag zum Gebet. Die Gebete sind mit vorhergehenden Waschungen verbunden und von Körperhaltungen und Gesten begleitet, die genau vorgeschrieben sind. Das Einhalten der Gebetszeiten ist für den Moslem verpflichtend.

Die dritte Säule ist das Almosengeben, das durch eine Almosensteuer geregelt ist, die an die Moschee abgeliefert wird. Es können natürlich auch freiwillige Almosen gegeben werden. Aber das zusätzliche Almosen (arabisch: sadaka) ist von dem gesetzlich geregelten (zakat) zu unterscheiden. Die beiden arabischen Wörter können aber auch synonym gebraucht werden.

Die vierte Säule: der Fastenmonat Ramadan, in dem der Moslem von Sonnenaufgang bis Sonnenuntergang nicht ißt und trinkt und sich auch anderer Genüsse enthält. Im Monat Ramadan wurde nach moslemischer Tradition der Koran von Gott herabgesandt.

Die fünfte Säule: der Hadsch, die Pilgerfahrt nach Mekka in einem bestimmten heiligen Monat. Diese Pilgerfahrt sollte jeder Moslem wenigstens einmal in seinem Leben durchgeführt haben. Es gibt unter bestimmten Voraussetzungen auch Ausnahmen und Erleichterungen für die Ausübung dieser Pflichten.

Prophet für Israel

Gott sendet seine Propheten zu allen Stämmen. Der letzte Prophet – Mohammed – wurde zu den Arabern gesandt. Er hat aber zugleich auch universale Bedeutung, weil er die endgültige Offenbarung Gottes bringt.

Auch Jesus hat nach dem Koran einen beschränkten Auftrag für ein Volk, nämlich für Israel. Zwei Koranstellen dazu: «Und (damals) als Jesus, der Sohn der Maria, sagte: ‹Ihr Kinder Israel! Ich bin von Gott zu euch gesandt ...›» (Sure 61,6).

Wie in der Bibel kündigt ein Engel der Maria die Geburt Jesu an und sagt ihr, was Gott mit Jesus tun wird: «Und er wird ihn die Schrift, die Weisheit, die Thora und das Evangelium lehren. Und als Gesandter (Gottes) an die Kinder Israel (wies Jesus sich aus mit den Worten:)...» (Sure 3,48f).

Jesus trägt im Koran den Titel «Messias». Nach biblischem Verständnis ist der Messias der verheißene Gesandte und Erlöser Gottes für Israel und die Welt. Das aus dem Hebräischen kommende Wort heißt «der Gesalbte» und wird von den Griechen mit «Christos» (= Christus) ganz wörtlich übersetzt. Auch «Christus» heißt «Gesalbter». Der Koran aber gebraucht diesen Titel nicht in der biblisch gefüllten Weise. Die ganze heilsgeschichtliche Bedeutung, die dem Titel Messias in der Bibel eigen ist, wird vom Koran nicht übernommen.

Jesus – mehr als ein Prophet?

Ausdrücklich heißt es, daß Jesus *nur* ein Gesandter Gottes war. Dem Koranleser, der diese Aussage im Gedächtnis hat, fällt aber beim Studium der Texte, die von Jesus handeln, einiges Besondere auf: Es werden von Jesus Dinge gesagt, die bei keinem Propheten – nicht einmal bei Mohammed – eine Parallele haben.

Die Geburt von der Jungfrau Maria

Von der Geburt Jesu wird in der dritten und der neunzehnten Sure berichtet. Die neunzehnte, die die Überschrift «Mirjam» (= Maria) trägt, erzählt die Geschichte ausführlicher.

Sure 19,2-15 erzählt, wie Zacharias um einen Nachkommen betet. Seine Frau ist unfruchtbar. Ein Engel verheißt ihm den Yahya (= Johannes) und gibt ihm als Zeichen für die Erfüllung des Versprechens, daß er drei Tage lang nicht wird reden können. Der Anklang an die biblische Geschichte in Lukas 1 ist deutlich. In Sure 19,16-34 heißt es dann folgendermaßen:

«Und gedenke in der Schrift der Maria ...! (Damals) als sie sich von ihren Angehörigen an einen östlichen Ort zurückzog! Da nahm sie sich einen Vorhang (um sich) vor ihnen (zu verbergen). Und wir sandten unseren Geist zu ihr. Der stellte sich ihr dar als ein wohlgestalteter Mensch. Sie sagte: ‹Ich suche beim Erbarmer Zuflucht vor dir. (Weiche von mir) wenn du gottesfürchtig bist!› Er sagte: ‹(Du brauchst keine Angst vor mir zu haben.) Ich bin doch der Gesandte deines Herrn. (Ich bin von ihm zu dir geschickt) um dir einen lauteren Jungen zu schenken.› Sie sagte: ‹Wie sollte ich einen Jungen bekommen, wo mich kein Mann berührt hat und ich keine Hure bin?› Er sagte: ‹So (ist es, wie dir verkündet wurde). Dein Herr sagt: Es fällt mir leicht (dies zu bewerkstelligen). Und (wir schenken ihn dir) damit wir ihn zu einem Zeichen für die Menschen machen und weil wir (den Menschen) Barmherzigkeit erweisen wollen. Es ist eine beschlossene Sache.›

Da war sie nun schwanger mit ihm (d.h. dem Jesusknaben). Und sie zog sich mit ihm an einen fernen Ort zurück. Und die Wehen veranlaßten sie, zum Stamm der Palme zu gehen. Sie sagte: ‹Wäre ich doch vorher gestorben und ganz in Vergessenheit geraten ...!› Da rief er (d.h. der Jesusknabe) ihr von unten her zu: ‹Sei nicht traurig! Dein Herr hat unter dir ein Rinnsal ... (voll Wasser) gemacht. Und schüttle den Stamm der Palme (indem du ihn) an dich (ziehst)! Dann läßt sie saftige, frische Datteln auf dich herunterfallen. Und iß und trink und sei frohen Mutes! Und wenn du (irgend)einen von den Menschen ... siehst, dann sag: Ich habe dem Barmherzigen ein Fasten gelobt. Darum werde ich heute mit keinem menschlichen Wesen sprechen.›

Dann kam sie mit ihm zu ihren Leuten, indem sie ihn (auf dem Arm) trug. Sie sagten: ‹Maria! Da hast du etwas Unerhörtes ... begangen. Schwester Aarons! Dein Vater war doch kein schlechter Kerl und deine Mutter keine Hure.› Da wies sie auf ihn. Sie sagten: ‹Wie sollen wir mit einem sprechen, der als kleiner Junge (noch) in der Wiege ... liegt?› Er (d.h. der Jesusknabe) sagte: ‹Ich bin der Diener Gottes. Er hat mir die Schrift gegeben und mich zu einem Propheten gemacht. Und er hat gemacht, daß mir, wo immer ich bin, (die Gabe des) Segen(s) verliehen ist ..., und mir das Gebet ... (zu verrichten) und die

Almosensteuer ... (zu geben) anbefohlen, solange ich lebe, und (daß ich) gegen meine Mutter pietätvoll (sein soll). Und er hat mich nicht gewalttätig und unselig ... gemacht. Heil ... sei über mir am Tag, da ich geboren wurde, am Tag, da ich sterbe, und am Tag, da ich (wieder) zum Leben auferweckt werde!› Solcher Art ist Jesus, der Sohn der Maria ...»

Aus der Sure 3 seien noch die Verse 45 und 47 als Ergänzung hinzugefügt:

«(Damals) als die Engel sagten: ‹Maria! Gott verkündet dir ein Wort ... von sich, dessen Namen Jesus Christus, der Sohn der Maria, ist! Er wird im Diesseits und im Jenseits angesehen ... sein, einer von denen, die (Gott) nahestehen ...› Sie sagte: ‹Herr! Wie sollte ich ein Kind bekommen, wo mich (noch) kein Mann berührt hat?› Er sagte: ‹Das ist Gottes Art (zu handeln). Er schafft, was er will. Wenn er eine Sache beschlossen hat, sagt er nur: sei!, dann ist sie.›»

Die Zitate sprechen für sich. Nur einige Hinweise: Gott sagt von der Sendung Jesu: «... damit wir ihn zu einem Zeichen für die Menschen machen und weil wir (den Menschen) Barmherzigkeit erweisen wollen» (Sure 19,21). Ist dieser Satz nicht nah mit der biblischen Aussage verwandt, daß in Jesus Gottes Liebe zu uns kommt? «So sehr hat Gott die Welt geliebt, daß er seinen eingeborenen Sohn gab ...» (Johannes 3,16). Nun sagt aber das Neue Testament, daß Jesus am Kreuz für unsere Sünden stirbt. Das ist die Tat der Liebe Gottes! Dies spricht der Koran nicht mehr nach. Man wird ihn so verstehen müssen: Wenn Gott seinen Gesandten schickt, damit er den Menschen den Willen Gottes verkündet, ihnen den Weg zeigt, dann ist das ein Akt der Barmherzigkeit Gottes.

Es sei noch betont, was dem Leser sicher schon aufgefallen ist: Der Koran redet in der gleichen Weise von Gottes Schöpfertätigkeit wie die Bibel: «Wenn er eine Sache beschlossen hat, sagt er zu ihr nur: sei!, und dann ist sie» (Sure 3,47). Im Schöpfungsbericht 1. Mose 1,3 heißt es: «Und Gott sprach: Es werde Licht! Und es ward Licht.» Oder in Psalm 33,9: «Denn wenn er spricht, so geschieht's; wenn er gebietet, so steht's da.»

Wie ist die Verbindung zwischen dem 600 Jahre älteren biblischen Text Lukas 1,26-38 und dem koranischen vorzustellen? Das führt uns an einen schwierigen Punkt im Gespräch mit dem Moslem. Nach dem Selbstverständnis des Koran kommen diese Worte ja direkt von Gott zu Mohammed. Wenn also Unterschiede zu anderen Berichten auftreten, können die anderen nur falsch sein.

Nun können wir nicht vermeiden, auf folgenden Sachverhalt hinzuweisen: Bibeln waren im 7. Jahrhundert – also in der Zeit, in der Mohammed lebte – noch lange nicht in jedermanns Hand. Die erste Bibel wurde erst im 15. Jahrhundert gedruckt, und dann noch lange nicht in arabischer Sprache. Die handgeschriebenen Bibeln waren selten und für den normalen Bürger unerschwinglich teuer. Die Christen hörten die biblischen Texte nur im Gottesdienst. Im übrigen wurden sie aus dem Gedächtnis weitererzählt.

Auf diesem Wege dürfte auch Mohammed biblische Geschichten gehört haben. Auf seinen Karawanenreisen als Kaufmann mit seinem Onkel und im Handelsgeschäft der reichen Dame Chadidscha, die dann seine erste Frau wurde, wird er mit Christen zusammengetroffen sein. So hat Mohammed im Groben eine Kenntnis von biblischen Geschichten, die er weitergibt. Einzelheiten dagegen weichen wegen nicht allzu genauer Kenntnis ab, und Gespräche sowie Reden werden im Sinne der koranischen Botschaft neugestaltet. Ein Vergleich des oben zitierten Textes mit den Berichten in Lukas 1 und 2 mag das veranschaulichen.

Auf folgende Möglichkeit muß aber noch ergänzend hingewiesen werden: Mohammed könnte andere als die neutestamentlich gestalteten Geburtsgeschichten schon von Christen übernommen haben. In sogenannten apokryphen Schriften (nicht zum Kanon des Neuen Testamentes gehörig, meist sektiererisches Schrifttum umfassend) wird z. B. berichtet, das Jesuskind habe aus der Wiege zur Rechtfertigung seiner Mutter gesprochen.

Diese Geschichten der apokryphen Evangelien sind aus dem populären Verlangen nach wunderhafter Ausmalung der neutestamentlichen Berichte entstanden. Daher werden sie auch in weitem Ausmaß im mündlichen Umlauf gewesen sein. Und es ist nicht ausgeschlossen, daß die Christen Syriens oder Arabiens sie gekannt und an Mohammed übermittelt haben.

Die Wunder Jesu
Wir stehen immer noch im Zusammenhang der Frage: Ist Jesus mehr als ein Prophet? Hören wir dazu Sure 2,253: «Das sind die (Gottes)gesandten (der früheren Generationen und Volksgemeinschaften). Wir haben die einen von ihnen vor den anderen (durch besondere Gnadenerweise) ausgezeichnet. Mit einem von ihnen (oder: mit einigen von ihnen) hat Gott (unmittelbar) gesprochen. Einigen von ihnen hat er einen höheren Rang verliehen (als den anderen). Und Jesus, dem Sohn der Maria, haben wir die klaren Beweise ... gegeben und ihn mit dem heiligen Geist gestärkt.»

Die Stelle will nicht sagen, Jesus sei mehr als ein Prophet, aber er hat unter den Propheten einen besonderen Rang. Es wird in der Mehrzahl geredet: «Einigen von ihnen hat er einen höheren Rang verliehen.» Aber dann ist nur von Jesus die Rede. Bei grundsätzlicher Ranggleichheit der Gesandten ist Jesus doch der am meisten Bevorzugte. Das drückt sich besonders in seinen Wundern aus. Die Wunder sind nämlich gemeint, wo der Text von «klaren Beweisen» spricht.

Welche Wunder tat Jesus nach dem Koran?

In Sure 5,110 redet Gott Jesus an: «... und (damals) als du mit meiner Erlaubnis aus Lehm etwas schufst, was so aussah wie Vögel, und in sie hineinbliesest, so daß sie mit meiner Erlaubnis (schließlich wirkliche) Vögel waren, und (als du) mit meiner Erlaubnis Blinde und Aussätzige heiltest, und als du mit meiner Erlaubnis Tote (aus dem Grab wieder) herauskommen ließest.»

In dem schon oben zitierten Zusammenhang der Sure 3 spricht Jesus selber in der Zukunftsform von den Wundern, die er tun wird. Dort steht sogar die Mehrzahl, wo in Sure 5 die Einzahl steht:

«Und ich werde mit Gottes Erlaubnis Blinde und Aussätzige heilen und Tote (wieder) lebendig machen» (Sure 3,49). Der Bibelleser erkennt sofort, daß hier die Hauptwunder Jesu genannt sind. Die Heilung eines Blindgeborenen wird ausführlich in Johannes 9 erzählt, von der Heilung zweier Blinder bei Jericho berichtet Matthäus 20,29-34. Die Heilung eines Aussätzigen finden wir in Markus 1,40-45, die bekannte Heilung der zehn Aussätzigen in Lukas 17,11-19. Vom Tode erweckt Jesus den Jüngling zu Nain (Lukas 7,11-17), die Tochter des Jairus (Markus 3,22-24.35-43) und den Lazarus (Johannes 11).

Das Tonvogelwunder
Wie verhält es sich mit dem Tonvogelwunder? Der Koran berichtet die Geschichten aus dem Leben seiner Propheten nur manchmal ausführlich. Meistens wird nur durch eine Andeutung auf die Geschichte hingewiesen, und es wird vorausgesetzt, daß der Leser diese Geschichte selbstverständlich kennt.

Während die Geburt Jesu ziemlich ausführlich geschildert wird – wenn auch abweichend von dem neutestamentlichen Bericht – , so wird auf die Wunder Jesu jedoch nur summarisch hingewiesen.

Nun berichten die biblischen Evangelien nichts von solch einem Wunder Jesu, durch das er einen Tonvogel lebendig macht. Aber im 2. Jahrhundert n. Chr. sind eine Menge sogenannter apokrypher Evangelien entstanden, die die Geschichte Jesu noch einmal erzählen, um sie gewissen theologischen und religiösen Wünschen der Zeit anzupassen. Zu ihnen gehört die Kindheitserzählung des Thomas. Darin werden Wundergeschichten aus der Jugend Jesu zwischen dessen fünften und zwölften Lebensjahr erzählt. Dort lesen wir folgende Geschichte:

«Als dieser Knabe Jesus fünf Jahre alt geworden war, spielte er an einer Furt eines Baches; das vorbeifließende Wasser leitete er in Gruben zusammen und machte es sofort rein; mit dem bloßen Worte gebot er ihm.

Er bereitete sich weichen Lehm und bildete darauf zwölf Sperlinge. Es war Sabbat, als er dies tat. Auch viele andere Kinder spielten mit ihm. Als nun ein Jude sah, was Jesus am Sabbat beim Spielen tat, ging er sogleich weg und meldete dessen Vater Joseph: ‹Siehe, dein Knabe ist am Bach, er hat Lehm genommen, zwölf Vögel gebildet und hat den Sabbat entweiht.› Als nun Joseph an den Ort gekommen war und (es) gesehen hatte, da herrschte er ihn an: ‹Weshalb tust du am Sabbat, was man nicht tun darf?› Jesus aber klatschte in die Hände und schrie den Sperlingen zu: ‹Fort mit euch!› Die Sperlinge öffneten ihre Flügel und flogen mit Geschrei davon. Als aber die Juden das sahen, staunten sie, gingen weg und erzählten ihren Ältesten, was sie Jesus hatten tun sehen.»

Diese Kindheitserzählungen sind nicht damit zufrieden, daß Jesus sich so ganz menschlich entwickelt hat, wie es die neutestamentlichen Evangelien durch ihr Schweigen über diese Periode des Lebens Jesu zeigen. Sie wollen die Göttlichkeit Jesu durch diese Wundergeschichten beweisen, die den biblischen Wunderberichten innerlich fremd gegenüberstehen. Jedoch werden diese Geschichten seit ihrem Entstehen weitverbreitet gewesen sein. Es gibt eine syrische Übersetzung der Kindheitserzählungen des Thomas, auch artverwandte arabische Texte. Die Christen in Mohammeds Umgebung haben solche Berichte zweifellos als richtige Verkündigung von Jesus betrachtet. Schon früher haben wir festgestellt, daß Mohammed nicht durch das Lesen der Bibel, sondern durch mündliche Vermittlung mit biblischen Berichten und auch solchen apokryphen Überlieferungen bekanntgemacht wurde.

Der Tisch vom Himmel
Der Koran kennt noch einen Wunderbericht, der sich so nicht in der Bibel findet: «(Damals) als die Jünger sagten: ‹Jesus, Sohn der Maria! Kann dein Herr uns (wohl) einen Tisch (mit Speisen)... vom Himmel herabsenden?› Er sagte: ‹Fürchtet Gott, wenn (anders) ihr gläubig seid (und verlangt keine besonderen Wunderzeichen?)!› Sie sagten: ‹Wir möchten von ihm essen und ganz sicher sein und Gewißheit (darüber) haben, daß du uns die Wahrheit gesagt hast, und (wir möchten) über ihn Zeuge sein.› Jesus, der Sohn der Maria, sagte: ‹Du, unser Gott und Herr ...! Sende uns vom Himmel einen Tisch herab, der (mit seinem Mahl) für uns von jetzt an bis in alle Zukunft(?) (wörtlich: für den ersten und letzten von uns) eine Feier ... und ein Zeichen von dir sein wird! Und beschere uns Gutes! Du kannst am besten bescheren.› Gott sagte: ‹Ich will ihn euch (nunmehr) hinabsenden. Und wenn einer von euch nachträglich nicht glaubt, werde ich ihn (dereinst) auf eine Weise bestrafen, wie (sonst) niemand in der Welt ...›» (Sure 1,112-115).

Nimmt der Koran hier auf ein in der Bibel berichtetes Ereignis Bezug? Auf welches? Ein Bearbeiter des Koran meint: «Es scheint ... nichts anderes zu sein als das Abendmahl, das Mohammed auf seine Art darstellt» (Ullmann/Winter, S. 104, Anm. 46). Oder spiegelt sich hier der Bericht von der Speisung der Fünftausend wider (Johannes 6)?

Zeichen und Wunder
Für unsere abschließenden Betrachtungen zu diesem Abschnitt ist eine Wendung aus diesem letzten Wunderbericht wesentlich: als «ein Zeichen von dir». Das Neue Testament, besonders das Johannesevangelium, redet von Jesu Wundern als Zeichen. Auch im Koran tritt diese Benennung auf. Jesus sagt: «Ich bin mit einem Zeichen von eurem Herrn zu euch gekommen» (Sure 3,49), und dann werden seine Wunder aufgezählt.

Zeichen sollen Hinweise auf etwas sein. Im Neuen Testament und im Koran sollen sie darauf hinweisen, daß Jesus von Gott gesandt ist. Nun erhebt sich aber doch die Frage, ob der Koran die Zeichen nicht gerade so versteht, wie Jesus sie im Neuen Testament nicht verstanden wissen will. Jesus hatte fünftausend Menschen auf wunderbare Weise satt gemacht, berichtet das Neue Testament. Wie war die Reaktion dieser Menschen?

«Als nun die Menschen das Zeichen sahen, das Jesus tat, sprachen sie: Das ist wahrlich der Prophet, der in die Welt kommen soll. Als nun Jesus merkte, daß sie kommen würden und ihn ergreifen, um ihn zum König zu machen, *entwich er wieder auf den Berg, er selbst allein*» (Johannes 6,14f).

Die Juden hatten das Wunder aufgefaßt als einen Beweis der Beauftragung Jesu durch Gott. Warum entzieht sich Jesus ihnen dann?

Das Zeichen sollte offenbar noch etwas anderes *zeigen*, das die Leute nicht begriffen haben. Das drückt Jesus in der zweiten Begegnung mit diesem Volkshaufen so aus: «Ihr suchet mich nicht, weil ihr Zeichen gesehen, sondern weil ihr von den Broten gegessen habt und satt geworden seid» (Johannes 6,26).

Sie haben nicht erkannt, daß Jesus das Brot des Lebens ist und daß sein Leib, der am Kreuz geschundene und getötete Leib, dieses Brot ist. Er bringt seine Hilfe nicht durch politisches Messiaskönigtum, wie das Volk es erwartete, sondern durch Leiden und Sterben. Darauf soll jedes Zeichen hinweisen. Die Zeichen im biblischen Sinne weisen nicht nur auf Jesus hin, um allen Zuschauern zu demonstrieren: Seht an, welche wunderbaren Kräfte dieser Mann hat, das ist der Beweis, daß er aus Gottes Welt kommt, deshalb müßt ihr glauben, was er sagt! Das hätte Jesus ja am besten erreicht, wenn er sich – wie der Satan es von ihm wollte, von der Tempelzinne herabgelassen hätte und die staunende Menge im Tempel die wunderbare Kraft Gottes in ihm gesehen hätte (Matthäus 4,5-7). Aber das lehnt Jesus gerade ab.

Immer, wenn die Leute von ihm Zeichen fordern, damit dadurch bei ihnen alle Zweifel beseitigt werden, weist Jesus diese Forderung ab (vgl. Matthäus 12,38ff).

Die Zeichen weisen aus sich selbst auf das Werk Jesu, wie er es am Kreuz und durch die Auferstehung vollbringen wird. Er heilt, weil Leute in großer Not ihn verzweifelt bitten. Alle Wunder stehen im Zeichen der helfenden Liebe. Er heilt den Blinden und weist darauf hin, daß er die Augen der Menschen, die für Gottes Wege und Willen blind sind, öffnen wird. Jesus spricht: «Ich bin zum Gericht in diese Welt gekommen, damit, die nicht sehen, sehend werden, und die sehen, blind werden.» (Johannes 9,39).

Er ruft den Lazarus wieder aus dem Grab – der doch später wieder sterben wird – , um anzuzeigen, daß er, Jesus, «die Auferstehung und das Leben» (Johannes 11,25) ist. Am Kreuz und in der Auferstehung wird er die Macht des Todes brechen. Also, nicht nur durch die Tatsache ihres Geschehens, sondern durch das, was in ihnen geschieht, sind die Wunder Wegweiser zu Jesus und so verstanden Zeichen.

Wer dann zu Jesus geht, ihm sein Leben übergibt, bekommt Gewißheit geschenkt – sowohl Gewißheit über die Person Jesu als auch Gewißheit über die eigene Rettung. Die Wunder sind in der Hinsicht kein tragender Beweis, sondern wirklich nur Wegweiser. Die Gewißheit der Wahrheit bekommt man in der persönlichen Übergabe an Jesus. Im Koran sollen die Wunder Jesu Beweise seines wahren Prophetentums sein: Zeichen, denn wir möchten «ganz sicher sein (wörtlich: [wir möchten] daß unser Herz sich beruhigt) und Gewißheit (darüber) haben, daß du uns die Wahrheit gesagt hast» (Sure 5,113), sagen die

Jünger im Koran zu Jesus. So sieht es das Neue Testament nicht.

Allerdings deutet der Koran auch einmal an, daß die Wunder nur für den Beweise sind, der sie mit den Augen des Glaubens sieht, daß also die Wunder den Menschen zum Glauben hinführen und ihm nicht den Glauben abnehmen sollen.

«Darin liegt für euch ein Zeichen, wenn (anders) ihr gläubig seid» (Sure 3,49).

Der Tod Jesu

Für den biblischen Glauben steht der Tod Jesu ganz im Mittelpunkt. Wir werden also besondere Aufmerksamkeit darauf verwenden, um zu sehen, was der Koran über Jesu Tod sagt. In der Tat, hier sind wir am Grundproblem jedes Gespräches zwischen Moslems und Christen.

Was sagt der Koran?
Wir wollen zuerst die Verse des Korans ansehen, die die Kreuzigung Jesu leugnen. In dem zu zitierenden Zusammenhang werden die Juden beschuldigt, sie hätten den Bund Gottes gebrochen, Gottes Gebote nicht gehalten und die Propheten getötet. Anklagend heißt es dann weiter:

«... und weil sie ungläubig waren und gegen Maria eine gewaltige Verleumdung vorbrachten, und (weil sie) sagten: ‹Wir haben Christus Jesus, den Sohn der Maria und Gesandten Gottes, getötet.› Aber sie haben ihn (in Wirklichkeit) nicht getötet und (auch) nicht gekreuzigt. Vielmehr erschien ihnen (ein anderer) ähnlich (so daß sie ihn mit Jesus verwechselten und töteten). Und diejenigen, die über ihn uneins sind, sind im Zweifel über ihn. Sie haben kein Wissen über ihn, gehen vielmehr Vermutungen nach. Sie haben ihn nicht mit Gewißheit getötet. Nein, Gott hat ihn zu sich (in den Himmel) erhoben. Gott ist mächtig und weise» (Sure 4,156-158).

Wir müssen uns die Aussage dieses Textes erst einmal ganz klar machen.

Die arabische Wendung «shubbiha lahum» bedeutet wörtlich: «wurde ihnen ähnlich gemacht» (vgl. R. Paret, S. 48, Anm. 164). Das läßt zwei Deutungsmöglichkeiten zu:

a) Sie haben eine Person gekreuzigt, die Jesus ähnlich war, oder

b) sie dachten, es wäre Jesus.

Die erste Deutung ist in ihrem Sinn sofort klar. Wer diese Person war, darüber gibt der Koran keine Auskunft. Auch die Ausleger sind sich nicht einig. Nach manchen ist es ein Jünger, der freiwillig das äußere Aussehen Jesu annahm (durch Gott verwandelt wurde), als Jesus zu Gott erhoben wurde. Andere denken, daß auf Judas im Augenblick des Verrates die äußere Gestalt Jesu übertragen wurde, während Gott Jesus in den Himmel aufnahm.

Zur zweiten Deutung muß man eine Anmerkung machen. Schon sehr früh gab es in der Christenheit Gruppen, die nicht glauben konnten, daß Gottes Sohn wirklich so vollkommen in die Hände der Menschen gefallen sein sollte, daß er wirklich so Grausames erlitten habe und getötet worden sei. Sie suchten einen Weg, um diesen Anstoß zu umgehen. Ihre Lösung war folgende:

Als der Sohn Gottes auf die Erde kam, hat er sich mit dem Menschen Jesus von Nazareth verbunden zu einer Personeinheit. Der Sohn Gottes hat den Menschen nur angezogen, wie man ein Kleid anzieht. Durch das ganze Leben hindurch bestand Jesus Christus sozusagen aus zwei Teilen. Bevor die Menschen aber Jesus ans Kreuz nagelten, verließ der himmlische Gottessohn seine menschliche Hülle Jesus von Nazareth wieder und ging in die Welt Gottes zurück. Den Juden schien es also nur so, als hätten sie den «ganzen» Jesus Christus gekreuzigt, in Wirklichkeit hatten sie nur noch die unwichtige menschliche Hülle. Diese Anschauung nennt man «Doketismus» (abgeleitet von dem griechischen Wort «dokei» = es scheint).

Wenn es auch nicht wahrscheinlich ist, daß der Koran seine Aussage streng in diesem doketischen Sinne der christlichen Sekten versteht (er will ja mit der Leugnung der Kreuzigung nicht die Gottessohnschaft Jesu verteidigen), so ist doch eines deutlich: Die Leugnung der tatsächlichen Kreuzigung Jesu fand Mohammed schon in der Kirchengeschichte vor.

Es gibt in einigen gnostischen Sekten des 2. Jahrhunderts n. Chr. auch Anschauungen, die der koranischen noch näher stehen: Simon von Kyrene und Jesus hätten die Gestalt getauscht, und Simon sei gekreuzigt worden. Ebenso gibt es die Anschauung, daß einer der Apostel an Jesu Stelle hingerichtet worden sei.

Wir müssen nun aber darauf achten, daß es in dem zitierten Text aus Sure 4 gar nicht zunächst um die Leugnung des Todes Jesu als einer gegen das Christentum gerichteten Aussage geht. Die Sätze sind gegen die Juden gerichtet, die sich rühmen, Jesus getötet zu haben. Diese Prahlerei wird ihnen als Schuld angerechnet. Die Leugnung der Kreuzigung geschieht, um den Juden diesen Ruhm zunichte zu machen.

Allerdings kann auch kein Zweifel daran sein, daß der Koran hier wirklich meint: Jesus ist nicht am Kreuz gestorben, sondern er ist von Gott dem Zugriff der Juden entrissen und in den Himmel weggenommen worden.

Schwierigkeiten entstehen nun aber, weil an einigen Stellen im Koran vom Tode Jesu geredet wird.

a) Sure 2,87 berichtet:

«Wir haben doch (seinerzeit) dem Mose die Schrift gegeben und nach ihm die (weiteren) Gesandten folgen lassen. Und wir haben Jesus, dem Sohn der Maria, die klaren Beweise ... gegeben und ihn mit dem heiligen Geist gestärkt. Aber waret ihr (Juden) denn nicht jedesmal, wenn ein Gesandter euch etwas überbrachte, was nicht nach eurem Sinn war, hochmütig und erklärtet ihn für lügnerisch oder brachtet ihn um?»

Auf den letzten Satz kommt es hier an. Es wird von zwei Gruppen von Propheten geredet, die einen wurden für lügnerisch erklärt, die anderen sogar umgebracht. Nun scheint es so, daß Mose und Jesus je als Vertreter einer dieser Gruppen namentlich genannt werden. Da es im Fall des Mose auch nach dem Koran ganz offensichtlich ist, daß er von seinem Volk nicht umgebracht wurde, kommt er nur für die Gruppe als repräsentativ in Frage, die des Betruges beschuldigt wurde. Dann steht Jesus als Beispiel für die, die getötet wurden. Diese Auslegung ist naheliegend, wenn auch nicht ganz gesichert.

b) Ausdrücklich und unbezweifelbar wird in Sure 19,33 von Jesu Tod geredet. Jesus spricht dort selber: «Heil ... sei über mir am Tag, da ich geboren wurde, am Tag, da ich sterbe, und am Tag, da ich (wieder) zum Leben auferweckt werde!» Vier Auslegungsmöglichkeiten stehen zur Wahl:

aa) Die drei Stationen im Leben Jesu sind dieselben wie im Leben jedes Menschen: der Tag seiner Geburt, der Tag seines natürlichen Todes und der Tag der Auferstehung der Toten zum Jüngsten Gericht.

bb) Wie die Christen diese drei Tage verstehen: Der Tag seiner Geburt ist in jedem Falle im gleichen Sinne gemeint. Der Tag seines Todes ist der Tag des Kreuzestodes, und der dritte Tag ist der Tag der Auferweckung Jesu aus dem Grabe an Ostern. Diese Deutung ist aber keine moslemische Möglichkeit und scheidet deshalb hier sofort aus.

cc) Die dritte Auslegungsmöglichkeit ist in der islamisch-theologischen Tradition vertreten worden: Der Tag der Geburt ist wieder so verstanden wie oben. Jesus ist nicht gestorben und auferstanden, wie die Christen glauben, sondern direkt in den Himmel weggerafft worden. Am Ende der Zeit nun wird Jesus wiederkommen und den Daggal, den «Lügner» (eine dem biblischen Antichristen entsprechende Figur der Endzeit), töten. Er wird dann auch sterben und in Medina begraben werden. Dieser Zeitpunkt soll in Sure 19 mit dem Tag seines Todes gemeint sein. Von diesem Tode wird ihn Gott wieder zum Leben auferwecken. Dies ist der dritte im Text genannte Tag.

dd) Allerdings ist auch noch folgende Auslegungsmöglichkeit in der theologischen Tradition des Islam vertreten worden: Der Tag seines Todes meint den Termin des natürlichen Todes Jesu. Es muß dann vorausgesetzt werden, daß Jesus in veränderter äußerer Gestalt nach der Kreuzigung seines Doppelgängers weitergelebt hat und schließlich wie jeder Mensch gestorben ist. Daraufhin sei er von Gott in den Himmel erhoben worden. Allerdings ergeben sich da Auslegungsschwierigkeiten mit Sure 4,157 und 158, wo deutlich gegenübergestellt wird: «Aber sie haben ihn (in Wirklichkeit) nicht getötet und (auch) nicht gekreuzigt.» Und dann: «Nein, Gott hat ihn zu sich (in den Himmel) erhoben.»

Sieht man nur die Texte des Koran an, so bemerkt man Differenzen und Spannungen hinsichtlich des Faktums des Todes Jesu. Um die Frage unter rein historischen Gesichtspunkten zu beantworten, liefert der Koran nicht genügend Argumente. Die Frage verschiebt sich. Für den Koran sind die historischen

Argumente weniger gewichtig als gewisse innere Gründe, die gegen eine Kreuzigung Jesu sprechen.

Islamische Gründe
Professor Dr. Kenneth Cragg hat das Problem des Todes Jesu einmal (mündlich) unter drei Fragen abgehandelt:
   a) Did it happen?
(Ist es geschehen? – historischer Gesichtspunkt)
   b) Should it happen?
(Sollte es nach moralischen Gesichtspunkten geschehen?)
   c) Need it happen?
(Ist es – unter theologischen Gesichtspunkten – notwendig, daß es geschieht?)

   a) Die erste Frage wird beantwortet: Nein, es ist nicht geschehen. Der Koran leugnet nicht, daß die Juden Jesus kreuzigen wollten, er verneint auch nicht, daß Jesus bereit war, den Kreuzestod zu sterben. Aber es wird geleugnet, daß die Kreuzigung Jesu durchgeführt wurde und zudem noch als ein Werk Gottes verstanden werden soll.

   b) Die Christen verstehen den Kreuzestod Jesu als ein Werk Gottes für die Menschen. Für den Moslem ist es schon unmöglich zu glauben, daß Gott diesen Tod hätte zulassen können. Die Ehre Gottes steht auf dem Spiel. Sehr bemerkenswert ist ein begründender Satz, der in Sure 4,158 der Verneinung der Kreuzigung folgt: «Gott ist mächtig und weise.» Deshalb können die Juden den Mord des Gesandten nicht vollbracht haben.
   Den Charakter des Gesandten Gottes wollen wir uns mit einem Vergleich verdeutlichen. Der Botschafter der USA in Moskau ist Repräsentant des amerikanischen Präsidenten. Alles, was diesem Botschafter von der Regierung der UdSSR gesagt und angetan wird, wird eigentlich dem amerikanischen Präsidenten direkt gesagt und angetan. Sollte der Botschafter beleidigt werden, so ist der Präsident beleidigt worden. Ein Staatschef – wenn er die ausreichende Macht hat – wird jede Verletzung der Person seines Botschafters so ahnden, als sei es die Verletzung seiner eigenen Person.

Die Tötung eines Gesandten Gottes wäre ein direkter Angriff auf Gott. Der Koran berichtet öfter, wie Gott Volksstämme hart bestraft hat, weil sie einen Propheten verachtet und nicht gehört haben.

Gott hat ebensoviel Ehrgefühl wie ein irdischer Staatschef. Und er ist stärker als ein menschlicher Präsident. Er kann also den Angriff auf seine Gesandten nicht einfach geschehen lassen. Wenn Gott es zuläßt, daß sein Gesandter getötet wird, dann ist Gott nicht Gott. Er ist doch nicht schwach! Eine solche Schande könnte Gott nicht auf sich nehmen.

Wenn der Koran also die Kreuzigung Jesu ablehnt, dann nur, um die Größe Gottes und seine Ehre nicht anzutasten. Innerlich verwandt ist dann folgender Gedanke: Wenn der Gesandte nicht die ganze Macht des allmächtigen Gottes zur Ausrichtung seines Auftrages auf seiner Seite hat und sich mit Hilfe dieser Macht durchsetzen kann, ist er nicht ein wahrer Gesandter.

Der Messias also, der sich nicht selber retten kann, kann niemanden retten.

Diese Anschauung begegnet uns schon in der Kreuzigungsgeschichte des Neuen Testamentes: Die religiösen Führer rufen dem Gekreuzigten zu: «Er hat anderen geholfen und kann sich selber nicht helfen. Ist er der Christus, der König von Israel, so steige er nun vom Kreuz, damit wir sehen und glauben» (Markus 15,31f).

Der Kreuzestod ist den genannten Argumenten nach nicht geschehen, weil er aus moralischen Gründen nicht geschehen konnte. Bleibt die dritte Frage: Ist der Kreuzestod Jesu nötig?

c) Als Jesus auferstanden war und den Jüngern, die nach Emmaus unterwegs waren, in einer Gestalt erschien, in der sie ihn nicht erkannten, sagte er ihnen dieses Wort: «Mußte nicht Christus dies erleiden und in seine Herrlichkeit eingehen?» (Lukas 24,26).

Nun, warum sollte er das gemußt haben? Das Neue Testament sagt, daß durch seinen Tod die Versöhnung mit Gott für den schuldigen Menschen geschaffen wurde. So ist es im Alten Testament geweissagt. So hängt nun die Vergebung Gottes am stellvertretenden Sühnetod Jesu.

Wenn wir den Koran lesen und mit einem Moslem sprechen, werden wir gefragt: Warum ist dieser schreckliche Tod nötig? Kann Gott nicht ohne all das die Sünden vergeben? Ist es nicht ein Vorrecht Gottes, daß er handelt und schafft, ohne daß er dazu irgendwelcher Mittel bedürfte? Denken wir an das Begnadigungsrecht eines Königs. Der Richter hat den Urteilsspruch gesprochen, den das Gesetz gefordert hat. Der Richter hat nicht das Recht zu sagen: Der Angeklagte ist zwar schuldig, aber ich erlasse ihm die Strafe. Er muß mit Gerechtigkeit verurteilen. Aber der König kann begnadigen. Er kann sich souverän über die Forderung des Gesetzes hinwegsetzen und vergeben.

Sollte Gott nicht solche königliche Freiheit haben? Mit Vorliebe weisen bibelkundige Moslems auf das Gleichnis vom verlorenen Sohn und vom barmherzigen Vater hin (Lukas 15). Da wird doch vergeben – vom Vater dem Sohn – , ohne daß ein Sühnemittel gebraucht wird.

Der Kreuzestod Jesu nach der Bibel
Die biblische Botschaft dagegen kennt nur Vergebung der Sünden durch den Kreuzestod Jesu. Was kann von der Bibel her den islamischen Anfragen geantwortet werden?

Wir können nicht logisch folgern, warum Gott diesen Weg der Erlösung und keinen anderen wählen mußte. Er ist Gott, und wir sind nicht seine Geheimsekretäre. Aber nachdem er diesen Weg gewählt hat, können wir an diesem Weg gewisse Gründe ablesen, warum er beschritten wurde.

Es ist ganz wichtig zu erkennen, daß bei der Versöhnung der Menschen nicht der Sohn gegen den Vater auftritt, indem er dem Vater mit einem Rechtsanspruch – durch das unschuldige Sterben erworben – entgegentritt und ihm etwas abnötigt. Das Neue Testament betont ja gerade, daß der Kreuzestod Jesu ein Werk Gottes sei. Ja, wir geben den Moslems recht: Gott hat die ganze Freiheit zu vergeben, wie er will. Aber wir haben nicht die Freiheit, ihm vorzuschreiben, welchen Weg er nun um der Unanstößigkeit unseres Gottesbildes willen gehen muß.

Wir müssen die Frage der Moslems mit einer Gegenfrage beantworten: Ist Gott im Koran nicht zu einer mathematischen Abstraktion, zu einem widerspruchslosen System der Transzendenz geworden? Wille, Gerechtigkeit, Barmherzigkeit sind ins Unfaßbare gesteigert worden und spielen in diesem System der Transzendenz zusammen. Geht es um einen widerspruchslosen Gottesbegriff oder um die Wirklichkeit des lebendigen Gottes? Aus einer mathematischen Formel kann ich ableiten. Aus einem abstrakten Gottesbegriff kann man ebenso ableiten, was dieser Gott tun darf und was nicht. Für einen Christen ist es sehr überraschend zu sehen, wie sich der Koran über die geschichtlich bezeugte Tatsache der Kreuzigung Jesu hinwegsetzt und mit theologischen Argumenten wegdiskutiert, was die Geschichte ihm vorsetzt. Zunächst haben wir also zur Kenntnis zu nehmen, wie Gott handelt. Dann bleibt uns sicherlich noch Raum, uns um ein Verstehen zu bemühen, warum er so und nicht anders handelt.

Das soll jetzt geschehen.

Die Bibel macht zwei Aussagen von Gott, die sich fast auszuschließen scheinen oder für unser menschliches Begreifen wenigstens miteinander in Konflikt geraten müssen. Es wird eindrücklich und erschreckend von der Heiligkeit Gottes gesprochen. Gott macht mit der Sünde keinen Frieden. Und weil jede Sünde Auflehnung gegen Gott ist, kann er den Sünder nicht schonen. Gottes Heiligkeit fordert das Gericht über den Sünder. Andererseits berichtet die Bibel von der großen Liebe des Schöpfers zu seinen Geschöpfen. Er will sie erhalten. So sind Heiligkeit und Liebe wie zwei Pole im Herzen Gottes, die miteinander ringen.

Sehen wir nun das Kreuz an!

Hier ist die ganze Heiligkeit Gottes offenbar: So ernst nimmt Gott die Sünde, daß sein Sohn den Tod des Verbrechers sterben muß. Der Tod Jesu ist ja deshalb so besonders schrecklich, weil Jesus unter «verschlossenem» Himmel stirbt. Als er schreit: «Mein Gott, mein Gott, warum hast du mich verlassen?», da gibt es keine Antwort. Jesus stirbt unter dem Zorn Gottes über die Sünde der Menschen, die jetzt auf Jesus liegt.

Zu gleicher Zeit wird am Kreuz Jesu aber auch Gottes unfaßbare Barmherzigkeit gegenüber dem Sünder offenbar: «So sehr hat Gott die Welt geliebt, daß er seinen einzigen Sohn gab ...» (Johannes 3,16). Gott gibt seinen gehorsamen Sohn in die Hände der Menschen, damit sie mit ihm umgehen können wie mit einem Verbrecher. Das ist Gottes Liebe!

So wird das Kreuz Jesu die Stelle, die die Liebe und Heiligkeit des lebendigen Gottes darstellt.

Der iranische Bischof Hassan Dehqani-Tafti beschreibt in dem Büchlein «Design of My World» (auch in deutscher Übersetzung erschienen unter dem Titel «Bild meiner Welt», 1976) seine Entwicklung vom Moslem zum Christen. Er befaßt sich auch mit den Aussagen des christlichen Glaubens, die für den Moslem anstößig oder schwer zu verstehen sind.

Nun ist es sehr interessant, was er über das Leiden und Sterben Jesu sagt. Er schreibt: «If love meets rebellion, the result cannot be anything but suffering. And it is only through suffering of love that true healing comes.» (Wenn Liebe auf Sünde und Rebellion trifft, kann das Ergebnis nichts anderes als Leiden sein. Und nur durch das Leiden der Liebe kommt wahre Heilung.)

Wir sahen oben, daß der Koran es um der Majestät und Größe Gottes willen nicht zulassen kann, daß der Gesandte Gottes getötet wird. Nach dem, was wir bisher über die Bedeutung des Kreuzestodes Jesu nach dem Neuen Testament gesagt haben, ist deutlich geworden, daß die Bibel andere Aussagen über die Größe Gottes macht. Seine Majestät zeigt sich in der Heiligkeit des Richters, aber auch und vor allem in seiner unbegreiflichen Liebe und Barmherzigkeit den Menschen gegenüber. Da kann man nur staunen und anbeten: So gewaltig ist Gottes Liebe, daß er sich selbst erniedrigt und Mensch wird, ja nicht genug damit: er läßt sich wie ein Verbrecher ans Kreuz schlagen und stirbt, um seine Geschöpfe zu erlösen. Wer kann das begreifen? Das ist die Größe Gottes, die unser Fassungsvermögen überschreitet. Ein christliches Lied beginnt daher so: «Ich bete an die Macht der Liebe, die sich in Jesus offenbart.»

Ein weiterer Versuch, die inneren Gründe für die Kreuzigung Jesu als Werk Gottes zu verstehen: Der Koran hat ein anderes Bild von der menschlichen Sünde als die Bibel.

Koran: Gott offenbart durch Propheten sein Gesetz. Sünde ist die Verletzung der Gesetze Gottes. Der Mensch ist von Natur neutral, weder böse noch gut. Das Urteil Gottes richtet sich nach dem Übergewicht entweder der Übertretungen des Gesetzes oder der Erfüllung des Gesetzes. Die einzelnen Akte werden gegeneinander aufgewogen.

Bibel: Die Bibel kennt natürlich auch die Sünde als einzelne Handlung. Aber jede Lüge oder jeder hochmütige Gedanke bekommt großes Gewicht, weil es sich um Auflehnung gegen Gott handelt. Gott hat den Menschen geschaffen, um in einer Gemeinschaft mit ihm zu leben. Aber der Mensch macht Rebellion. Er will selbst sein wie Gott. Er will sein eigener Herr sein. Noch mehr: Jede Sünde ist eine Verschmähung der Liebe Gottes. Wir stoßen die liebevoll ausgestreckte Hand des Vaters zurück.

So ist Sünde nicht nur Übertretung eines Gesetzes, die durch ein entsprechendes Strafmaß aufgehoben werden könnte, sondern da ist ein Vertrauensverhältnis zwischen Personen zerstört. Da geht es mit jeder Sünde ums Ganze.

Wenn man irgendwie Ordnungsregeln im Verkehr übertritt und wird von der Polizei gestellt, muß man eben eine Strafe bezahlen. Falls man keinen Schaden angerichtet hat, ist der Fall damit erledigt. Durch die Zahlung ist dem Recht Genüge getan. Wie anders aber ist das, wenn z. B. ein Freund den anderen betrügt. Etwaige Sachschäden kann man dabei auch wiedergutmachen. Aber das Vertrauensverhältnis ist zerstört und sehr schwer wieder aufzubauen. Hieran mag der Unterschied deutlich werden zwischen der Übertretung eines Gesetzes und der Zerstörung einer personalen Beziehung.

Übertretung des Gesetzes nach dem Koran tut Gott kein Leid an. Gott steht weit über dem geoffenbarten Gesetz. Die Sünde trifft ihn nicht persönlich.

Im biblischen Sinne aber ist es so: Unsere Sünde trifft Gott ins Herz, sie ist die Verschmähung der Liebe Gottes. Weil die Sünde aber solch ein Gewicht hat, kann sie nicht leicht vom Tisch gewischt werden, noch weniger kann der Sünder sie von sich aus wiedergutmachen. Der gewaltige Aufwand an Liebe Gottes, der sich im Leiden und Sterben Jesu zeigt, ist nötig, um die gestörte Gemeinschaft zwischen Schöpfer und Geschöpfen wiederherzustellen.

Indem sich Gott das verantwortliche Geschöpf zum Partner machte, hat er sich in gewissem Sinne auch eine Einschränkung seiner Macht und Freiheit auferlegt. Dem Menschen ist eine Freiheit gegeben. Gott zwingt sich mit seiner Liebe nicht auf. Um die Gemeinschaft zwischen Schöpfer und Geschöpf wiederherzustellen, braucht Gott die Einwilligung des rebellierenden Geschöpfes. Unter diesem Gesichtspunkt betrachtet, hat Gott am Kreuz Jesu die Reinigung des Verhältnisses von aller Schuld geschaffen und will die Rebellen in Gnaden aufnehmen. Das Kreuz ist ein Werben Gottes um die Rückkehr der Rebellen. Deshalb heißt es in 2. Korinther 5,19f: «Denn Gott war in Christus und versöhnte die Welt mit sich selber und rechnete ihnen ihre Sünden nicht zu ... So sind wir nun Botschafter an Christi Statt: Laßt euch versöhnen mit Gott!»

Noch ein Wort zum Verständnis des Gleichnisses vom verlorenen Sohn (Lukas 15): Man darf nicht davon absehen, daß *Jesus* dieses Gleichnis erzählt. Es handelt sich hier nicht um die allgemeine Erkenntnis vom gütigen Vatergott, die jeder andere als Jesus auch entdeckt und verkündigt haben könnte. Nur Jesus kann sagen, daß der Vater bereit ist, den verkommenen Sohn in Liebe wieder anzunehmen, weil er, Jesus, auf dem Wege zum Kreuz ist, wo die Liebe Gottes ihr Ziel erreicht. Das Kreuz ist nicht eine isolierte Tatsache im Leben Jesu, sondern sein ganzes Leben, seine Menschwerdung, seine Predigt des Willens Gottes, seine Hilfe für die Kranken und die Verachteten sind Bestandteile des Erlösungswerkes, das im Kreuzestod vollendet und in der Auferstehung von Gott bestätigt wird. Deshalb kann Jesus von dem barmherzigen Vater sprechen, weil in ihm selbst die Liebe Gottes in die Welt gekommen ist.

Aber noch etwas zusätzlich: Woher sollten wir wissen, daß der Vater, von dem wir weggelaufen sind, in dem Schmerz der Liebe auf uns wartet und uns wieder als Kinder annehmen will? Aus unserem Leben voller Schuld können wir doch nur ableiten, daß uns Gottes Gericht mit vollem Recht treffen wird. Wenn da kein Vater ist, der auf uns wartet, dann hat es gar keinen Zweck umzukehren. *Wir* können die Türen des Vaterhauses nicht mehr öffnen.

Darin liegt doch die Wichtigkeit des Kreuzes von Golgatha: So gewiß, wie Jesus gestorben ist als Opfer für unsere Sünden, so gewiß sind die Vaterarme ausgebreitet, um uns – wie verkommen wir auch sein mögen – aufzunehmen. Ja, viel mehr: So weit ist der Vater uns entgegengelaufen – bis an diesen tiefsten Punkt auf Golgatha am Kreuz – , damit wir nach Hause kommen.

Jesus kommt wieder

Als wir über den Vers in Sure 19,33 sprachen, stießen wir auf moslemische Gedanken, die sich in der theologischen Tradition finden, die aber im Koran nicht so ausgesprochen sind: Jesus soll am Ende der Zeit wiederkommen, um den Daggal, den «Lügner», der viele zum Abfall bewegen wird, zu töten.

Wir wollen uns hier vor allem mit den Aussagen des Koran selber beschäftigen. Da gibt es immerhin eine Stelle, die sich so auslegen läßt, daß Jesus wiederkommen soll: Sure 43,62! Die richtige Übersetzung dieses Verses ist strittig, deshalb will ich drei Übersetzungen zitieren und auch den Zusammenhang des entscheidenden Satzes bringen, damit man sich ein besseres Urteil bilden kann.

Sure 43,60-62 nach Ullmann/Winter: «Er (Jesus) ist nichts anderes als ein Diener, dem wir Gnade erzeigt und ihn als Beispiel für die Kinder Israels aufgestellt haben. Wenn wir nun wollten, so könnten wir auch aus euch Engel hervorbringen (als Nachfolger) auf Erden! Er (Jesus) diene euch auch zur Erkenntnis der letzten Stunde, darum bezweifelt sie nicht. Folgt nur mir; denn dies ist der richtige Weg.»

In Vers 64 ist dann wieder von Jesus die Rede, der mit deutlichen Zeichen gekommen sei. Sollte diese Übersetzung richtig sein, dann ist Jesu Wiederkunft als ein Zeichen des anbrechenden Gerichtes verstanden.

Nun übersetzt Arberry den entscheidenden Vers 61 (in Ullmann/Winter-Zählung Vers 62) anders: «It is knowledge of the Hour; doubt not concerning it, and follow me.»

Das würde nur besagen: Ihr wißt, daß es die letzte Stunde gibt; zweifelt daran nicht ... Dieses Wissen von der letzten Stunde kann ganz von der Verkündigung des Mohammed herkommen. Dann spielt dieser Vers nicht auf Jesus an.

Paret übersetzt die entscheidende Wendung in Sure 43,61: «Und er ist ein Erkennungszeichen der Stunde (des Gerichts).»

Auch Paret ist nicht sicher, wer mit «er» gemeint ist. In einer Erklärung sagt er, es könne Jesus, aber auch der Koran selbst als Erkennungszeichen in Betracht gezogen werden.

Muß also offenbleiben, ob der Koran selbst davon redet, so redet doch die theologische Tradition des Islam vom Wiederkommen Jesu in der letzten Zeit.

Ein moslemischer Kommentar berichtet als Auslegung zu Sure 43,61 die Geschichte des wiederkommenden Jesus nach der Hadith, der heiligen Tradition (einige Hadith-Sammlungen berichten Worte und Geschichten aus dem Leben des Propheten Mohammed, die aus der großen Fülle der überlieferten Geschichten als zuverlässig ausgewählt sind; diese Sammlungen haben das Ansehen von heiligen Schriften): Jesus kommt in Palästina wieder und tötet mit einer Lanze den Daggal. In Jerusalem verrichtet er mit den Gläubigen zusammen das Morgengebet, nach Mohammeds Vorschrift unter Leitung eines Imam, der das gemeinsame Gebet der Gläubigen leitet. Danach tötet er die Christen, die den Islam nicht angenommen haben, zerstört Kirchen und Synagogen, tötet die Schweine und zerbricht die Kreuze. Dieses Wiederkommen Jesu gilt als Zeichen der letzten Stunde.

Jesus – der Sohn Gottes?

Jetzt sind wir bei der schwierigen Frage, die ich am Anfang bereits nannte: Ist Jesus Gottes Sohn? Gott hat doch nicht geheiratet!

Es muß uns jetzt darum gehen zu verstehen, warum die einen so leidenschaftlich opponieren, wenn dieser Titel gebraucht wird, und was die anderen sich darunter vorstellen, wenn sie Jesus so nennen. Wir werden zunächst den Koran zu dieser Frage hören.

Im Kampf um die Gottheit Gottes

Sure 9,30: «Die Juden sagen: ‹Uzair (d.h. Esra) ist der Sohn Gottes.› Und die Christen sagen: ‹Christus ist der Sohn Gottes.› So etwas wagen sie offen auszusprechen. Sie tun es (mit dieser ihrer Aussage) denen gleich, die früher ungläubig waren. Diese gottverfluchten (Leute)!»

Wir sahen, wie hoch Jesus im Koran geschätzt wird. Nicht gegen ihn selbst richtet sich der Angriff des Koran in der uns jetzt vorliegenden Frage, sondern gegen die Christen, die das wahre Bild Jesu heidnisch verfälscht haben. Denn der Vergleich mit den Ungläubigen, die vorher gelebt haben, soll besagen, daß die Christen wieder in die Vielgötterei zurückgefallen sind. Man muß die Leidenschaft des Islam in seinem Bekenntnis, daß es nur einen Gott gibt, sehen. Damit fing Mohammeds Wirken an, daß er das Gericht Gottes über die Vielgötterei der Einwohner von Mekka in ihrem Heiligtum verkündete. Es geht ihm um die Einzigkeit und Majestät Gottes.

Der Moslem empfindet die Rede von einem Sohn Gottes als Gotteslästerung. Warum, ist leicht zu verstehen. Sure 2,116f: «Und sie sagen: ‹Gott hat sich ein Kind zugelegt.› Gepriesen sei er! (Darüber ist er erhaben.) Nein! Ihm gehört (ohnehin alles), was im Himmel und auf Erden ist. Alle (Geschöpfe) sind ihm demütig ergeben. Er ist der Schöpfer von Himmel und Erde. Wenn er eine Sache beschlossen hat, sagt er zu ihr nur: Sei!, dann ist sie.»

Die positive Aussage dieser Stelle wird auch deutlich ausgedrückt in Sure 3,59: «Jesus ist (was seine Erschaffung angeht) vor Gott gleich wie Adam. Den schuf er aus Erde. Hierauf sagte er zu ihm: Sei!, da war er.»

Die Parallele zwischen Adam und Jesus besteht hier darin, daß beide keinen menschlichen Vater haben, sondern durch das Schöpfungswort Gottes ins Leben gerufen wurden. Interessant ist der Vergleich dieser Koranstelle mit Römer 5,12-21 und 1. Korinther 15,45-49, wo auch Adam und Christus gegenübergestellt werden. Dies hier zu erörtern würde uns zu weit vom Thema abführen.

Weitere Koranstellen zur Gottessohnschaft Jesu: Sure 6,101: «(Er ist) der Schöpfer von Himmel und Erde. Wie soll er zu Kindern kommen, wo er doch keine Gefährtin hatte (die sie ihm hätte zur Welt bringen können)…» Sure 19,88-93: «Sie sagen: ‹Der Barmherzige hat sich ein Kind zugelegt!› (Sag:) Da habt ihr etwas Schreckliches begangen. Schier brechen die Himmel (aus Entsetzen) darüber auseinander und spaltet sich die Erde und stürzen die Berge in sich zusammen, daß sie dem Barmherzigen ein Kind zuschreiben. Dem Barmherzigen steht es nicht an, sich ein Kind zuzulegen. Es gibt niemand im Himmel und auf Erden, der (dereinst) nicht als Diener zum Barmherzigen kommen würde.»

Es geht um die Gottheit Gottes. Wenn man von Gott sagt, er habe einen Sohn, setzt man voraus, daß er ihn, wie es bei Menschen ist, mit einer Frau gezeugt habe. Damit macht man Gott zum Götzen nach menschlicher Analogie. Wie wirkungsvoll wird einer solchen Auffassung gegenüber auf die Majestät des Schöpfers hingewiesen! Wieder wird man an 1. Mose 1,3 erinnert oder an das Psalmwort: «Wenn er spricht, geschieht's; wenn er gebietet, so steht's da» (Psalm 33,9).

Aber nicht nur an einer natürlichen Vaterschaft Gottes wird Anstoß genommen, sondern auch an der Tatsache, daß irgendein Wesen Gott zu nahe gerückt werden könnte. Von keinem Wesen darf man mehr sagen, als daß es Sklave, Diener ('abd) Gottes ist. Sure 4,172 ist die Hauptaussage zu unserem Problem, an die wir später wieder anknüpfen werden:

«Christus wird es nicht verschmähen, ein (bloßer) Diener Gottes zu sein.»

Damit die verschieden gerichteten Gedanken und Argumente des Koran zu diesem Thema möglichst deutlich werden, werden wir noch eine Reihe von Stellen zitieren. Der christliche Leser sollte sich bemühen, die Ablehnung der Gottessohnschaft Jesu möglichst aus dem Herzen des Moslem heraus zu verstehen, und sich in die Gedankenführung des Koran hineinversetzen. Denn nur ein gründliches Verstehen von innen macht eine aufrichtige Antwort möglich.

Sure 5,17: «Ungläubig sind diejenigen, die sagen: ‹Gott ist Christus, der Sohn der Maria.› Sag: Wer vermöchte gegen Gott etwas auszurichten, falls er (etwa) Christus, den Sohn der Maria und seine Mutter und (überhaupt) alle, die auf der Erde sind, zugrunde gehen lassen wollte?»

Sure 5,72f: «Ungläubig sind diejenigen, die sagen: ‹Gott ist Christus, der Sohn der Maria.› Christus hat (ja selber) gesagt: ‹Ihr Kinder Israel! Dienet Gott, meinem und eurem Herrn!› Wer (dem einen) Gott (andere Götter) beigesellt, dem hat Gott (von vornherein) den Eingang in das Paradies versagt. Das Höllenfeuer wird ihn (dereinst) aufnehmen. Und die Frevler haben (dann) keine Helfer. Ungläubig sind diejenigen, die sagen: ‹Gott ist einer von dreien.› Es gibt keinen Gott außer einem einzigen Gott.»

Sure 5,75: «Christus, der Sohn der Maria, ist nur ein Gesandter. Vor ihm hat es schon (verschiedene andere) Gesandte gegeben. Und seine Mutter ist eine Wahrhaftige ... Sie pflegten (als sie noch auf Erden weilten, wie gewöhnliche Sterbliche) Speisen zu sich zu nehmen.»

Sure 5,116f: «Und (dann) wenn Gott sagt: ‹Jesus, Sohn der Maria! Hast du (etwa) zu den Leuten gesagt: «Nehmt euch außer Gott mich und meine Mutter zu Göttern»?› Er sagt: ‹Gepriesen seist du! (Wie dürfte man dir andere Wesen als Götter beigesellen!) Ich darf nichts sagen, wozu ich kein Recht habe. Wenn ich es (tatsächlich doch) gesagt hätte, wüßtest du es (ohnehin und brauchtest mich nicht zu fragen). Du weißt Bescheid über das, was ich (an Gedanken) in mir hege. Aber ich weiß über das, was du in dir hegst, nicht Bescheid. Du (allein) bist es, der über die verborgenen Dinge Bescheid weiß. Ich habe ihnen nur gesagt, was du mir befohlen hast (nämlich): Dienet Gott, meinem und eurem Herrn!›»

Stellen wir nochmals zusammen, welches die Hauptaussagen des Korans sind: Gottessohnschaft von jemandem auszusagen bedeutet Gotteslästerung, weil Gott nicht nach menschlicher Art eine Frau hat, mit der er einen Sohn zeugt. Gottessohnschaft Jesu bedeutet nach koranischer Interpretation, daß neben den einzigen Gott ein weiterer Gott tritt.

Einer der Gründe, daß Jesus nicht Gottes Sohn sein kann, ist der, daß seine Mutter, wie auch er selbst, menschliche Speise aßen, also keine Götter waren. Es wird abgelehnt, daß Maria eine Göttin gewesen sei.

Verstehen wir den Koran richtig, wenn wir sagen, daß die Dreiheit, die beispielsweise in Sure 5,73 erwähnt wird, Gott, den Vater, die Göttin Maria als Mutter und deren Sohn Jesus meint? Am deutlichsten spricht in dieser Hinsicht das Selbstzeugnis des koranischen Jesus in Sure 5,116, das oben zitiert wurde.

Wir sahen, daß die Ablehnung der Gottessohnschaft Jesu mit der Ablehnung der Dreieinigkeit Gottes – oder genauer Dreiheit Gottes – unmittelbar verbunden ist.

Alte Fronten
Ich war ein Jahr lang im Orient tätig. Da konnte ich eine überraschende Beobachtung machen: Im Internat einer Oberschule mit arabischen Jungen hatten wir einen kleinen Bibelkreis, in dem wir einen Bibeltext lasen und anschließend besprachen. Nun verging kaum eine Stunde, in der nicht ein Junge nach der Dreieinigkeit Gottes und nach der Gottheit und

Menschheit in der Person Jesu fragte und damit eine hitzige Diskussion entfachte.

Mehr noch: In dem Gespräch wurden oft Gedanken vorgetragen und Ausdrücke gebraucht, die in der Kirchengeschichte des 5. Jahrhunderts n. Chr. eine große Rolle gespielt haben. Aber ich kann mich nicht entsinnen, in ähnlichen Bibelkreisen, an denen ich in Deutschland teilnahm, jemals diese Fragen so vordringlich und die dogmatischen Argumente aus der Kirchengeschichte überhaupt gehört zu haben.

Aber man kann die koranischen Aussagen über Jesus wirklich nicht verstehen, ohne einen Blick in die dogmatische (und zu gleicher Zeit auch politische) Auseinandersetzung jener Tage zu werfen. Die Christen damals versuchten sich klarzumachen, was das heißt: Jesus ist von Gott gekommen, der Sohn Gottes, und war doch offensichtlich ein richtiger Mensch von Fleisch und Blut.

In der Auseinandersetzung um die Frage bildeten sich zwei Parteien, die sich auf das heftigste bekämpften, weil nicht nur theologische, sondern auch persönliche, politische und nationale Fragen hineinspielten.

Die eine Gruppe lehrte, daß die göttliche und menschliche Natur in der Person Jesu «unvermischt und ungetrennt» daseien. Diese Auffassung nennt man Dyophysitismus (= Zweinaturenlehre). Sie wurde auf dem Konzil von Chalcedon im Jahre 451 zum offiziellen Glaubensbekenntnis der Kirche.

Die andere Auffassung wird Monophysitismus (= Lehre von der einen Natur Christi) genannt. Ihre Vertreter meinten, daß die göttliche Natur in der Person Jesu sozusagen die beherrschende gewesen sei und die menschliche Natur in sich verschlungen habe. Sie redeten praktisch nur von der Gottheit Christi.

Diese zweite Anschauung wurde zwar auf dem Konzil von Chalcedon verworfen und entspricht dem neutestamentlichen Zeugnis sicherlich nicht. Aber sie stand doch bei weiten Volkskreisen im Orient in gutem Ansehen. Sie hielten auch nach der Konzilsentscheidung daran fest.

Es kam sogar wegen dieser Frage zur Abspaltung einiger monophysitischer Sonderkirchen. Diese einseitige Betonung der Gottheit Christi war allgemein üblich unter den Christen im Orient.

Schon lange vor dem Konzil von Chalcedon war der Streit aufgeflammt, als Nestorius, der Patriarch von Konstantinopel, sich gegen einen Ehrennamen der Maria wandte, der von vielen gebraucht wurde: Theotokos (= Gottesgebärerin).

In 300 Jahren hatte sich die Verehrung der Maria schon so weit entwickelt, daß man von ihr als der Gottesmutter sprach. Man verehrte sie, wie man im vorderen Orient früher Göttinnen verehrte.

Gab schon die Theologie Anlaß zu erheblichen Mißverständnissen, so trieb der Volksglaube erst recht üppige Formen der Marienverehrung.

Diese Verherrlichung der Maria scheint einem menschlichen, religiösen Bedürfnis nach einer Muttergöttin zu entspringen. Die heidnische Religion schon vor der Zeitwende kannte Muttergottheiten (z. B. die Kybele, die in Ephesus einen gewaltigen Tempel hatte). Ihnen wurden göttliche Söhne und Liebhaber zugesellt. Sollte es wundern, wenn solche Bedürfnisse und solche Traditionen die christliche Botschaft nach ihrem Geschmack umgestalteten? Dem Leser mag schon aufgegangen sein, wohin diese historische Ausführung weisen soll.

Eine derartige Form des monophysitischen Christentums war es, der Mohammed sich gegenübersah. Dieses Christentum war es, gegen das er mit Leidenschaft ankämpfte. Die Christen, die die Maria so unbiblisch verherrlichten, gaben dem Koran den Anlaß, gegen diese «Göttin» zu protestieren, die mit Gott einen Sohn hervorgebracht haben sollte.

Wir haben oben gesehen, daß der Koran im Grunde gegen eine Dreiheit Gottes, bestehend aus Vatergott, Muttergöttin und Gottessohn, ankämpft. Mag das zeitgenössische Christentum des 7. Jahrhunderts dazu Anlaß gegeben haben, die Bibel jedenfalls redet nicht von solch einer Götterdreiheit. Protestiert der Koran gegen diese drei Götter, so tut es das Neue Testament erst recht. Und der Islam protestiert gegen die Gottessohnschaft Jesu in einer Zeit, als der kirchliche Glaube den *Menschen* Jesus zu verlieren droht, nämlich in der monophysitischen Lehre von der Person Christi. Man muß den Protest des Koran gegen das Christentum des 7. Jahrhunderts auffassen als eine Korrektur im Sinne der Bibel an einem «christlichen» Glauben, der sich meilenweit vom Neuen Testament entfernt hat.

Das Neue Testament und der Koran gebrauchen beide den Ausdruck «Sohn Gottes». Das erstere im positiven Sinne, der andere, um den Begriff abzulehnen, aber beide meinen etwas Verschiedenes mit diesem Begriff. Die Bibel teilt nicht den monophysitischen Volksglauben, gegen den der Koran polemisiert.

Wenn diese Sachlage geklärt werden kann, dann ist für ein Gespräch zwischen einem Moslem und einem Christen schon sehr viel gewonnen! Der Christ wird zugeben, daß der Koran hier mit biblischem Recht gegen eine Verformung des christlichen Glaubens angeht. Der Moslem sollte verstehen, daß die biblischen Aussagen über Jesus im Koran nicht in ursprünglicher Form wahrgenommen werden.

Nun müssen wir zeigen, was das Neue Testament meint, wenn es Jesus den Sohn Gottes nennt.

Der gehorsame Sohn

Ich möchte über die folgenden Ausführungen als Motto einen Koranvers setzen:

«Christus wird es nicht verschmähen, ein (bloßer) Diener Gottes zu sein» (Sure 4,172).

Es ist ganz eindeutig: Der Koran nennt Jesus einen Knecht, um damit abzulehnen, daß er der Sohn Gottes ist. Ich möchte jetzt an einigen Bibeltexten zeigen, daß – spitz formuliert – Jesus im Neuen Testament gerade deshalb Sohn Gottes genannt wird, *weil* er der Knecht ist.

Paulus sagt in Philipper 2,6-11 über Jesus: «Er, der in göttlicher Gestalt war, hielt es nicht für einen Raub, Gott gleich zu sein, sondern entäußerte sich selbst und nahm Knechtsgestalt an, ward den Menschen gleich und der Erscheinung nach als Mensch erkannt. Er erniedrigte sich selbst und ward gehorsam bis zum Tode, ja zum Tode am Kreuz. Darum hat ihn auch Gott erhöht und hat ihm den Namen gegeben, der über alle Namen ist, daß in dem Namen Jesu sich beugen sollen aller derer Knie, die im Himmel und auf Erden und unter der Erde sind, und alle Zungen bekennen sollen, daß Jesus Christus der Herr ist, zur Ehre Gottes, des Vaters.»

In diesen Versen ist von der ganzen Herrlichkeit Jesu die Rede: Er kommt von Gott, und er wird von Gott erhöht zum

Herrn der Welt. Aber in der Mitte steht das entscheidende Ereignis: Er wurde Knecht, Sklave. Worin zeigt sich das?

Der Sklave tut die niedrigsten Dienste, und er muß restlos gehorchen. Das ist das eigentliche Wunder: Jesus ist bis zur bittersten Konsequenz gehorsam. Er geht den schweren Weg bis zum Kreuz, um die menschliche Schuld wegzutragen. Der Gehorsam gegenüber diesem Auftrag führt ihn so tief hinab, daß man nur noch schreien kann: Wie kann Gott so etwas zulassen? Sagt der Koran, Jesus sei der Knecht gewesen, dann machen unsere Verse so deutlich, wie es nur geht, daß er wirklich der Knecht ist.

In Johannes 4 wird erzählt, wie Jesus am Jakobsbrunnen bei Sichem mit einer samaritanischen Frau spricht. Dazwischen eingeflochten findet eine kurze Unterhaltung Jesu mit seinen Jüngern statt. Da sagt Jesus einen Satz, der sein Geheimnis beschreibt: «Meine Speise ist die, daß ich tue den Willen dessen, der mich gesandt hat, und vollende sein Werk» (4,34).

Ohne Speise kann ein Mensch nicht leben. Jesus lebt davon, daß er Gottes Willen tut. Ohne diesen Gehorsam ist er nicht zu denken. Gehorsam ist sein tiefstes Wesen. Alles, was er tut, geschieht im Gehorsam gegen den Auftrag Gottes. Auch die Wunder, die er tut, sind Werke des gehorsamen Sohnes, und durch diesen Gehorsam bekommt er die Kraft, sie zu tun. Immer wieder springt dem Leser des Johannesevangeliums dieser Sachverhalt ins Auge.

Das Neue Testament nennt Jesus nicht den Sohn Gottes, weil er auf natürliche Weise von Gott und irgendeiner Göttin hervorgebracht worden ist, sondern weil er der Gehorsame ist.

Nun müssen wir zwei miteinander verbundene Ereignisse, die in Matthäus 16 berichtet werden, ansehen. Darüber könnte man direkt den oben zitierten Koranvers als Überschrift setzen: «Christus wird es nicht verschmähen, ein (bloßer) Diener Gottes zu sein.» Jesus ist mit seinen Jüngern in die Nähe der Stadt Cäsarea Philippi gekommen. Er fragt seine Begleiter, was die Leute so über seine Person denken. Es gibt da allerlei Vermutungen. Dann kommt die Frage ganz direkt: «Wer sagt denn ihr, daß ich sei? Da antwortete Simon Petrus und sprach: Du bist Christus, des lebendigen Gottes Sohn» (Matthäus 16,15f). Kurz danach heißt es: «Seit der Zeit fing Jesus an, seinen Jüngern zu zeigen, wie er nach Jerusalem gehen und viel leiden müsse von den Ältesten und Hohenpriestern und Schriftgelehrten und getötet werden und am dritten Tage auferstehen. Und Petrus nahm ihn beiseite und fuhr ihn an und sprach: Gott bewahre dich, Herr! Das widerfahre dir nur nicht! Er aber wandte sich um und sprach zu Petrus: Geh weg von mir, Satan! Du bist mir ein Ärgernis; denn du meinst nicht, was göttlich, sondern was menschlich ist» (16,21-23).

Im Alten Testament hat Gott das Kommen eines Mannes verheißen, der dem Volk Israel und der ganzen Menschheit aus ihrer verfahrenen Lage heraushelfen sollte. Der Mensch hatte sich im Ungehorsam gegen Gott aufgelehnt und lebt seitdem fern von Gott. Er sollte eigentlich nach Gottes Schöpfungswillen im Gehorsam gegen Gott wie ein Kind mit dem Vater leben und alle Reichtümer dieser Gemeinschaft genießen. Aber der Mensch wollte selbst wie Gott sein.

So zerbrach die Gemeinschaft mit Gott an der menschlichen Sünde. Gott wählte sich das Volk Israel, gab ihm ein Land, schickte ihm beauftragte Führer und Propheten. Das Volk brach den Bund mit Gott, das Land wurde ihm im Gericht genommen, die Propheten wurden nicht gehört. Über dieser Misere steht Gottes Verheißung: Ich will euch einen Messias senden. Das ist der Mann, der die Gottesgemeinschaft Israels wiederherstellen soll, der Israel wieder allen Segen zukommen lassen soll, der die verlorene Menschheit wieder zu ihrem Schöpfer zurückführt, der die ungeheure Schuld der Welt beseitigen soll.

Diese Verheißung steht aus. Die Menschen warten auf ihre Erfüllung. So ist die Situation vor dem Auftreten Jesu. Zwei Fragen mußten die Wartenden bewegen:

a) Wer ist der Messias?
b) Wie tut der Messias sein Werk?

Jetzt kommen wir zu unserem Text zurück. Wer ist Jesus? Ist er der Messias? Wer ist der Messias?

Darauf gibt Petrus seine klare Antwort: Jesus ist der Messias. Jesus gibt ihm recht: «Selig bist du, Simon, Jonas Sohn; denn Fleisch und Blut haben dir das nicht offenbart, sondern mein Vater im Himmel» (Matthäus 16,17).

Aber! Als Jesus zu erklären beginnt, wie er der Messias sein will, auf welchem Wege er das Werk des Messias ausführen will, da tritt ihm Petrus in den Weg: «... das widerfahre dir nur nicht!» Der Messias, der Erlöser der Welt, soll in die Hände der Menschen fallen und wie ein Verbrecher gekreuzigt werden? Das ist unmöglich.

Petrus hoffte auf den starken Mann, der zunächst einmal die römische Besatzungsmacht aus dem Lande jagen und dann im Namen des lebendigen Gottes die Weltherrschaft übernehmen wird. Und er glaubt, daß Jesus auf diese Weise vorgehen wird. Ein Mann, der der ganzen Welt helfen will, muß selbst stark sein. Das ist doch für jedermann einleuchtend.

Jesus sagt dagegen, daß das Erlösungswerk durch Leiden und Sterben getan werden muß. Petrus sagt dazu energisch «nein».

Ist das deutlich? Die Wer-Frage hat Petrus beantwortet, aber wie die richtige Antwort auf die Wie-Frage lautet, das hat er nicht begriffen. Und dabei war es das Entscheidende! Man kann mancherlei ruhmreiche Namen auf Jesus anwenden und liegt doch völlig falsch, wem man nicht begreift, *wie* Jesus der Messias, *wie* Jesus der Sohn Gottes, *wie* er der Retter der Welt sein will.

Jesus geht den Weg des Gehorsams durch Leiden und Kreuzestod. Es ist also auch für einen Christen noch nicht damit getan, daß er Jesus den Sohn Gottes nennt. Wie wir sahen, kann man den Ausdruck auch in einem ganz unbiblischen Sinne mißverstehen. Nein, wir müssen sagen können, *wie* Jesus der Sohn Gottes ist.

In einem Gespräch mit einem Moslem muß man vielleicht sehr lange darüber sprechen, wie Jesus der Sohn Gottes ist, bis man den Ausdruck Sohn Gottes überhaupt nennt. Das kann man ja, weil dieser Ehrentitel Jesu im Neuen Testament keine nichtssagende Phrase ist. Und wenn wir nach dem Wie fragen, zeigt uns das Neue Testament, daß der Sohn es nicht verschmähte, ein Knecht zu sein.

Im Hebräerbrief heißt es einmal von Jesus: «Er hat, obwohl er Gottes Sohn war, doch an dem, was er litt, Gehorsam gelernt» (Hebräer 5,8). Sogar das muß man von dem Sohn Gottes sagen, daß er Gehorsam lernte!

Die erschütternde Gethsemane-Geschichte zeigt uns, wie der Sohn Jesus um den Gehorsam gegenüber dem Vater ringt (vgl. Matthäus 26,36-46). Wir sind hier Zeugen des Lebens Jesu in einer entscheidenden Phase: unmittelbar vor der Verhaftung, dem Prozeß und der Hinrichtung. In dieser Situation zeigt sich uns Jesus als der Sohn; er redet Gott an: «Mein Vater.» Seine Sohnschaft drückt sich darin aus, daß er sich ganz dem Willen Gottes unterstellt: «So geschehe dein Wille.» Und das Erstaunliche: Dieser Gehorsam ist bei dem Sohn Gottes nicht einfach so ohne Anfechtung da, sondern er ringt darum, gehorsam zu sein; Angst und Zittern befallen ihn angesichts der unheimlichen, schweren Aufgabe des Leidens und Sterbens. Er «lernt» den Gehorsam.

Die Herrlichkeit des Sohnes besteht in der Vollkommenheit seines Gehorsams. Das wird im Johannesevangelium einmal fast paradox ausgedrückt: «Und wie Mose in der Wüste die Schlange erhöht hat, so muß der Menschensohn erhöht werden, damit alle, die an ihn glauben, das ewige Leben haben» (Johannes 3,14f).

In 4. Mose 21 wird berichtet, daß Gott als Gericht über die Unzufriedenheit des Volkes Schlangen ins israelitische Lager schickt. Viele werden gebissen und sterben. Schließlich kommt das Volk schreiend zu Mose, bekennt seine Sünde und bittet Mose, bei Gott um Hilfe für das Volk einzutreten. Darauf bekommt Mose von Gott den Befehl, eine eiserne Schlange an einen Pfahl zu hängen und hoch aufzurichten. Jeder der Gebissenen, der diese Schlange ansah, sollte gerettet werden.

Auf diese Geschichte bezieht sich der oben zitierte Vers. Er nimmt eindeutig darauf Bezug, daß Jesus wie jene Schlange hoch hinaus ans Kreuz gehängt werden wird. Da hängt er, damit wir Menschen aus unserer Schuldverstrickung befreit werden können.

Das Wort «erhöhen» ist aber doppeldeutig. Einmal hat es diesen vordergründigen Sinn, daß etwas hochgehoben oder hoch aufgehängt wird.

Aber dann heißt es auch – im übertragenen Sinne – , daß jemand geehrt wird, eine höhere Stellung bekommt. Im Johannesevangelium trägt dieser Ausdruck in bezug auf Jesus diese Doppeldeutigkeit: Er ist hoch ans Kreuz gehängt worden, aber da – am Kreuz – kommt Jesus auch zu höchsten Ehren. Denn am Kreuz offenbart sich der vollkommene Sohnesgehorsam. Der Gehorsam, der am Kreuz sein Ziel hat, ist die typische Herrlichkeit des Sohnes Gottes.

Ich will dieses Kapitel mit einer persönlichen Erfahrung abschließen. Beim Studium des Koran und durch die Begegnung mit Moslems bin ich darauf hingewiesen worden, daß ich Jesus viel besser kennenlernen muß.

Das wird die Aufgabe der Christen sein, bevor sie mit einem Moslem sprechen, daß sie Jesus Christus viel besser kennenlernen. Sonst wirft man sich zu schnell ein paar dogmatische Ausdrücke an den Kopf, die das Gespräch unmittelbar nach der Eröffnung wieder beenden.

«Wort Gottes» und «Vom Geist Gottes»

Im Zusammenhang der Erörterungen über den Gottessohnbegriff muß der Sure 4,171 eine gesonderte Betrachtung gewidmet werden:

«Ihr Leute der Schrift! Treibt es in eurer Religion nicht zu weit ... und sagt gegen Gott nichts aus, außer der Wahrheit! Christus Jesus, der Sohn der Maria, ist (nicht Gottes Sohn. Er ist) nur der Gesandte Gottes und sein Wort (kalima), das er der Maria entboten hat und Geist von ihm. Darum glaubt an Gott und seine Gesandten und sagt nicht (von Gott, daß er in einem) drei (sei)! Hört auf (solches zu sagen! Das ist) besser für euch. Gott ist nur ein einziger Gott. Gepriesen sei er! (Er ist darüber erhaben) ein Kind zu haben.»

Auch hier wird die Gottessohnschaft Jesu aus den genannten Gründen abgelehnt. Aber in diesem Vers kommen zwei Ausdrücke vor, die den Bibelleser aufhorchen lassen, und einer von beiden spielt in Gesprächen über Jesus zwischen Moslems und Christen oft eine Rolle. Jesus wird Gottes «Wort», das er der Maria entboten hat, genannt.

Soll der Titel «Wort» bezeichnen, daß Jesus durch das Schöpfungswort Gottes in Maria erschaffen wurde, so daß er gleichsam mit dem Wort Gottes identisch ist? Das Wort Gottes – durch den Geist Gottes in Gestalt eines Mannes an Maria gerichtet – bewirkt sofort die Existenz Jesu in deren Leibe. So ist Jesus das Wort Gottes, und dieser Titel betont, daß er Geschöpf Gottes ist, er bezeichnet damit die Distanz zwischen Gott und Jesus.

Genau das Gegenteil meint der Titel «Wort Gottes», wie wir ihn in Johannes 1,1 lesen: «Im Anfang war das Wort, und das Wort war bei Gott, und Gott war das Wort.» «Wort Gottes» soll hier das Geheimnis Jesu dahingehend ausdrücken, daß er aus der Welt Gottes kommt, daß er von Ewigkeit her ist. Auch hier bedeutet «Wort» das Schöpfungswort Gottes, aber das Schöpfungswort, durch das Gott die Welt geschaffen hat: «Alle Dinge sind durch dasselbe (Wort) gemacht, und ohne dasselbe ist nichts gemacht, was gemacht ist» (Johannes 1,3).

Hier ist also nicht gemeint, daß das Schöpfungswort Gottes den Menschen Jesus entstehen läßt, sondern: so eng gehört Jesus zum lebendigen Gott – und zwar von Ewigkeit her –, und so wirksam ist er, daß er mit dem Schöpfungswort Gottes gleichgesetzt wird! Wir meinen, daß das Vorhandensein des formalen Titels «Wort Gottes» für Jesus im Koran und in der Bibel nur schwer helfen kann, das Gespräch zwischen Moslem und Christ weiterzuführen.

Manchmal habe ich das Argument gehört, der Koran sage immerhin, daß Jesus vom Geiste Gottes sei. Sure 4,171: «Christus Jesus, der Sohn der Maria, ist ... Geist von ihm.»

Auch der Ausdruck «Geist von ihm» in koranischem Sinne will ausdrücken, daß Jesus von Gott durch den Geist geschaffen wurde. Wieder müssen wir an den zitierten Bericht über die Ankündigung der Geburt Jesu an Maria erinnern, die durch den Geist Gottes in der Gestalt eines Mannes geschah. Wird der Ausdruck «Geist von ihm» so auf die Geburt Jesu von der Jungfrau Maria bezogen, so muß man sagen, daß das Neue Testament die gleiche Aussage macht. Gott sagt dem Josef im Traum: «Josef, du Sohn Davids, fürchte dich nicht, Maria, deine Frau, zu dir zu nehmen; denn was sie empfangen hat, das ist von dem heiligen Geist» (Matthäus 1,20).

Hier liegt durchaus eine Übereinstimmung zwischen biblischer und koranischer Aussage über Jesus vor. Wie die Erwähnung der Wunder mag auch das ein Ansatzpunkt für ein gemeinsames Gespräch sein.

Ahmed oder Heiliger Geist?

Wir sprachen schon von dem Prophetenamt Jesu nach dem Koran. Jetzt wollen wir unser Augenmerk noch auf eine besondere prophetische Handlung Jesu richten, die der Koran erzählt.

Sure 61,7 (nach Ullmann/Winter): «Und Jesus, der Sohn der Maria, sagte: ‹O ihr Kinder Israels, wahrlich, ich bin euch ein Gesandter Allahs, der die Thora bestätigt, welche ihr bereits vor mir erhieltet, und ich bringe frohe Botschaft über einen Gesandten, der nach mir kommen und dessen Name Ahmed sein wird.›» Arberry (S. 580) übersetzt die entscheidende Wendung ebenfalls in diesem Sinne: «giving good tidings of a Messenger ...» (gebe gute Botschaft von einem Gesandten). Ahmed kommt von dem gleichen Wortstamm wie Mohammed. Beide Namen haben auch die gleiche Bedeutung. Mohammed bedeutet «der Gepriesene», und Ahmed ist eine Steigerungsform zu Mohammed. Die Sure 61 will also sagen, daß Jesus das Kommen Mohammeds geweissagt habe.

Auch für die Moslems hat sich daraus die Frage ergeben: Gibt es im Neuen Testament irgendeinen Anhaltspunkt für diese Behauptung? Und in der Tat sind die Moslems der Meinung, daß im Johannesevangelium diese Weissagung des Kommens Mohammeds berichtet werde.

Welche Stellen sind gemeint?

In Johannes 14,16f heißt es: «Und ich will den Vater bitten, und er wird euch einen anderen Tröster geben, daß er bei euch sei in Ewigkeit: den Geist der Wahrheit, den die Welt nicht empfangen kann, denn sie sieht ihn nicht und kennt ihn nicht. Ihr kennt ihn, denn er bleibt bei euch und wird in euch sein.»

Das Wort, das in Luthers Übersetzung mit «Tröster» und in der Übersetzung der Zürcher Bibel mit «Beistand» wiedergegeben wird, heißt im griechischen Text «parakletos».

Nun ist es moslemische Meinung, dieses «parakletos» sei eine Verballhornung aus dem anderen griechischen Wort «periklytos». Die Bedeutung dieses Wortes ist: der Berühmte, der Mann, von dem man spricht.

Die Konsonanten der beiden Worte sind die gleichen: p-r-kl-t-s. Die Vokale – so die moslemische Meinung – seien irgendwie später zerstört, verwechselt oder absichtlich verändert worden.

Warum diese Hypothese? Die Bedeutung vom «periklytos» entspricht der des arabischen Namens Ahmed. Wenn man also wirklich «parakletos» durch «periklytos» ersetzen müßte, kann man die Verse von Johannes 14,16f als Weissagung Jesu

auf Mohammed verstehen. Zwei Überlegungen müssen jetzt angestellt werden:
1. Das Neue Testament ist ursprünglich in Griechisch geschrieben. Im Altertum mußte man die Bücher handschriftlich abschreiben. Wir haben eine Fülle dieser alten Handschriften gefunden, deren Texte in Kleinigkeiten häufig voneinander abweichen. Wissenschaftler haben das ganze verfügbare handschriftliche Material zusammengestellt, um für jede betreffende Stelle die Varianten vergleichen zu können und zu entscheiden, welche Lesart wohl die ursprünglichste ist und aus welchen Gründen wohl die Abweichungen zustande gekommen sein könnten (Schreibfehler, Hörfehler beim Diktieren, Veränderungen des Textes durch spätere Abschreiber zur Erleichterung des Verständnisses oder des Stils u. ä.).

Das Wort «parakletos» kommt in Johannes 14,16 und 26; 15,26; 16,7 vor, aber in keinem der Fälle liegt aus Gründen des Textzustandes ein Anlaß vor, eine Verballhornung des ursprünglichen Wortlautes anzunehmen. Kein handschriftlicher Zeuge hat jemals etwas anderes als «parakletos» gelesen.
2. Auch aus inhaltlichen Gründen ist es nicht möglich, diese Stellen für die koranische Aussage in Anspruch zu nehmen. «Parakletos» bedeutet wörtlich «der zur Unterstützung Herbeigerufene» oder «der als Beistand Zugezogene». Daraus ergibt sich dann die Bedeutung «der Ratgeber» oder «der Helfer».

Das Johannesevangelium spricht von diesem Ratgeber als dem Geist der Wahrheit, den Gott in das Herz der Menschen geben will, die an Jesus Christus glauben (vgl. Johannes 14,17). Er wird «der Welt die Augen auftun über die Sünde und über die Gerechtigkeit und über das Gericht» (Johannes 16,8). In Römer 8,16 wird über den Geist Gottes gesagt, daß er sich sozusagen neben unseren menschlichen Geist stellt und uns bezeugt und zuspricht, daß wir Gottes Kinder sind. Diese Gewißheit nämlich kann sich kein Mensch selber geben, sie ist reine menschliche Einbildung und Wunschdenken, wenn Gottes Geist uns diese Tatsache der Annahme als Kind Gottes durch den Opfertod Jesu nicht ganz fest und gewiß zuspricht.

Der Auftrag, den der Geist Gottes – im Johannesevangelium manchmal «parakletos» genannt – hat, ist weit von dem Auftrag entfernt, den Mohammed nach dem Koran erfüllt.

Dieser Abschnitt führt uns zu einer Frage, die für das Gespräch zwischen Christen und Moslems nicht unwesentlich ist.

Wie stellen wir uns zu den Unterschieden zwischen Bibel und Koran?

Diese Frage ist ebenso an Moslems gerichtet wie an Christen. Die voranstehende Darstellung der koranischen Weissagung Jesu führt uns ein Beispiel dafür vor Augen, wie Moslems grundsätzlich diesem Problem begegnen.

Der Koran erkennt ja sowohl das Alte wie das Neue Testament als Offenbarungsbücher Gottes an. Es gehört zum Wesen des Propheten, daß er auch ein heiliges Buch von Gott geoffenbart bekommt. So bekam nach koranischer Anschauung Mose die Thora (das alttestamentliche Gesetz) und Jesus das Evangelium geoffenbart. Die entsprechenden Stellen sind bereits zitiert worden. Weil die Grundeinstellung gegenüber der Bibel so positiv ist, liest man mit besonderer Spannung alle die Passagen im Koran, wo über biblische Personen und Ereignisse berichtet wird. Aber dann drängt sich um so mächtiger die Beobachtung auf, wie verschieden doch bei mancher Parallele Bibel und Koran in ihrer Beschreibung und Beurteilung sind.

Wir sehen das an dem hier vorgeführten Vergleich zwischen koranischem und biblischem Jesusbild. Die gleiche Beobachtung kann man machen, wenn man die vielen Abschnitte des Koran, die sich mit Abraham befassen, den biblischen Berichten gegenüberstellt.

Es ist nur natürlich, wenn der christliche Leser des Koran die Korrektheit der Berichte über Gegenstände, die sowohl in der Bibel als auch im Koran behandelt sind, am Maßstab der biblischen Erzählungen messen möchte. Die Bibel ist eben in ihren beiden Teilen erheblich älter als der Koran.

Aber eine solche vergleichende Betrachtungsweise wird kein Moslem nachvollziehen. Der Koran ist ja nach moslemischer Auffassung nur die Niederschrift eines Buches, das in Gottes Welt schon immer existiert hat («präexistent» war, das heißt: vor seinem Eintreten in die menschliche Welt schon existierte).

So muß der Koran auch dort göttliche Wahrheit enthalten, wo er von der Bibel bei vergleichbaren Stoffen abweicht. Dies ist dogmatisch völlig einlinig gedacht: Weil der Koran göttlichen Ursprungs ist, enthält er in jedem Fall die Wahrheit. Berichtet die Bibel etwas anderes, so kann sie nur falsch sein. Die Schwierigkeit dabei ist: Die Bibel soll aber doch auch ein göttliches Offenbarungsbuch sein. Wie kann sie dann so in Gegensatz zum Koran treten?

Da macht das moslemische Verständnis eine Unterscheidung. Es heißt, daß die biblischen Texte von den Menschen verfälscht worden sind und so nicht mehr dem entsprechen, was Gott darin offenbaren wollte.

Uns begegnete diese Auffassung schon in Koranversen über Jesus, ohne daß wir es bisher besonders hervorgehoben hätten: Nicht das «Evangelium» sagt, Jesus sei der Sohn Gottes, sondern die Christen behaupten das im Gegensatz zu Jesus selbst. So etwa in den früher zitierten Versen Sure 9,30; Sure 19,88-93; Sure 5,17.

Der Koran ist also der Meinung, daß er gegen die Verfälschung der Christen Partei ergreift für den wahren Jesus. Ein ähnliches Problem wirft die Behandlung des Kreuzestodes Jesu im Koran auf, wie wir sahen. Dasselbe würde ein Vergleich der koranischen und biblischen Abrahamsgeschichten ergeben.

Auf eines muß aber noch zur Präzisierung des bisher Gesagten hingewiesen werden. Jacques Jomier zeigt in seinem Buch «Bibel und Koran», daß die Aussagen des Koran selbst über die Fälschung der jüdischen und christlichen Schriften nicht so konsequent und eindeutig sind.

Die mittelalterlichen moslemischen Polemiker haben die Lehre von der Fälschung der jüdischen und christlichen Schriften dann aber konsequent ausgebaut in dem Sinne, wie wir sie gerade entwickelt haben.

Jedoch auch hier müssen wir die Tatsache sehen, daß schon vor dem 7. Jahrhundert n. Chr. Sekten im Umkreis des Christentums diese Theorie gebrauchten, um ihre Sonderlehren gegenüber dem biblischen Glauben zu verteidigen. Wie stellt sich nun der Christ zu den Differenzen zwischen Koran und Bibel hinsichtlich der Person Jesu?

Zunächst können wir sicherlich an die generell positive Bewertung der Bibel im Koran anknüpfen. Hier wird doch dem Moslem prinzipiell eine Tür geöffnet zum eigenen Studium der Bibel, auf die der Koran sich so oft bezieht. Was wäre nicht schon gewonnen, wenn der Christ und der Moslem, die miteinander sprechen wollen, die den Glauben des anderen begründende Schrift von innen zu verstehen bemüht wären!

Für den Christen ist aber die moslemische Argumentation mit der Verderbnis der biblischen Schriften nicht annehmbar. Die Theorie ist zu offensichtlich aus dem Vorurteil geboren: «... weil nicht sein kann, was nicht sein darf.» Man wird nicht umhinkönnen, immer wieder nachdrücklich die Frage nach der historischen Wahrheit zu stellen.

Haben die Christen Jesus zum Sohn Gottes gemacht?

Der englische Theologe und Islamkundler Prof. Kenneth Cragg hat darauf hingewiesen, daß es zwei Perspektiven gibt, unter denen Jesus im Neuen Testament betrachtet wird. Er unterscheidet sie als *«order of knowing»* und *«order of being»*, was man vielleicht so übersetzen darf: die *«Reihenfolge des Erkennens»* und die *«Reihenfolge des Seins»*.

In Philipper 2,5-11 beispielsweise ist Jesus betrachtet und über ihn gesprochen in der «Reihenfolge des Seins»: Es beginnt damit, daß er «in göttlicher Gestalt» war, sich zum Menschen und gehorsamen Knecht erniedrigte und von Gott zum Herrn der Welt erhöht wurde.

In den Evangelien spiegelt sich eine andere Betrachtungsweise: Zuerst sehen die Menschen damals in Palästina den Zimmermannssohn aus Nazareth. Manche gewinnen schnell die Erkenntnis, daß er ein bedeutender religiöser Lehrer ist. An den Wundern – etwa der Speisung der 5000 Menschen – wird die Erkenntnis entfacht, daß er der König Israels sein könnte; mancherlei verdrehte Messiasbegriffe werden auf ihn angewandt. Am Ende eines Erkenntnisweges, der durch Halbheiten, verkehrte Anschauungen und Zweifel führt, steht das Bekenntnis des Thomas: «Mein Herr und mein Gott!» (Johannes 20,28).

Im ersten Kapitel des Johannesevangeliums kann man diese «Reihenfolge des Erkennens» ansehen: Johannes der Täufer verkündigt: «Siehe, das ist Gottes Lamm, das der Welt Sünde trägt!» (Johannes 1,29). Daraufhin folgen zwei der Jünger des Johannes Jesus nach. Noch ist es nicht ihre eigene Erkenntnis, daß Jesus Gottes Lamm ist. Sie sagen: «Rabbi!» Sie halten ihn für einen Lehrer. Aber sie gehen mit ihm, und in der Begegnung mit ihm wird ihnen klar: Das ist der verheißene Messias! Diese gewonnene Gewißheit sagt der eine von beiden, Andreas, gleich seinem Bruder weiter.

Einer, der auch zu der Gewißheit kam, war Philippus. Er verkündet seine Erkenntnis dem Nathanael, der gegenüber der Person Jesu erhebliche Zweifel anmeldet und sich nicht gerade freundlich ausdrückt: «Was kann aus Nazareth Gutes kommen!» Philippus spricht zu ihm: «Komm und sieh!» (1,46). Am Ende dieser Begegnung zwischen Nathanael und Jesus steht das Bekenntnis des Nathanael: «Rabbi, du bist Gottes Sohn, du bist der König von Israel!» (1,49).

Wir wollen uns den Sachverhalt an einem Vergleich noch verdeutlichen:

Da bin ich durch Zufall einem Menschen begegnet. Wir kannten uns vorher nicht. Er war für mich wie viele andere Menschen. Nun ergibt es sich, daß wir länger zusammen sind, ich lerne ihn kennen und entdecke, daß er erstens sehr freundlich ist und zweitens eine große musikalische Begabung hat. Das habe ich vorher nicht gewußt. Erst indem ich ihn kennenlernte, wurde er für mich der Mann mit der Freundlichkeit und der musikalischen Begabung. Das ist die «Reihenfolge des Erkennens»!

Aber ich kann nicht von mir sagen, ich hätte ihn zu dem freundlichen Mann und zum Musiker gemacht, er wäre es nicht gewesen, bevor ich diese Eigenschaften an ihm erkannt hätte. Er hatte schon die Eigenschaften, bevor ich ihn kennen- und schätzen lernte. Nur in meiner Erkenntnis wächst er von einem durchschnittlichen Menschen ohne besondere Kennzeichen zu dem Mann mit den liebenswürdigen Eigenschaften. Auf Jesus angewandt: Er *ist* der Sohn Gottes, der Messias, der Menschensohn-Weltrichter, der Herr, bevor ich ihn als solchen erkenne und anerkenne und bevor die Christen das von ihm verkünden. Aber der Weg der Erkenntnis über Jesus bei den Menschen führt wohl von dem Zimmermann aus Nazareth zum Sohn Gottes. Jedoch macht man den Menschen Jesus damit nicht vom Zimmermann zum Sohn Gottes.

Der Weg unserer Erkenntnis wird nicht beim Sohn Gottes beginnen. Man kann zu Jesus kommen mit einer sehr kritischen Meinung über seine Person. Es bleibt ein Werk des auferstandenen Herrn Jesus, daß er einem Menschen, der fragend zu ihm kommt, die Augen für die tatsächliche Würde seiner Person auftut beim Lesen des Neuen Testamentes oder beim Hören einer Auslegung.

Um Gewißheit über seine Person zu gewinnen, gilt immer die Aufforderung: «Komm und sieh!» (Johannes 1,46).

III. Umarmung durch den Hinduismus

Hinduismus ist eine nach Indien erst später von außen hineingetragene Bezeichnung für ein vielgestaltiges Religionsmosaik. Die Zugehörigkeit zu einer Kaste, in die man hineingeboren wird, ist eigentlich die Grundlage. Man darf also nie übersehen, daß der Hinduismus auch und vor allem ein Sozialsystem ist.

«Steht und fällt die biblische Botschaft damit, daß sie Christus als den Herrn aller Herren und als *die* Wahrheit verkündet, so sieht der Hinduismus seine Stärke darin, daß er keine exklusive Bindung an eine entscheidende Gottesoffenbarung in der Zeit anerkennt. Er umfaßt in seiner Geschichte eine Fülle von Entwicklungsstufen, die nicht nur historisch aufeinanderfolgen, sondern die auch unangefochten nebeneinander bestehen können – Wege (marga), deren jeder die Verheißung der Vollendung in sich tragen kann, je nach der inneren Reife derer, die sich dieser Wege bedienen. So kann der Hinduismus eine ganze Skala möglicher Formen religiöser Verwirklichung gelten lassen, vom Dämonendienst bis zur abstraktesten philosophischen Spekulation, die sogar atheistisches Gepräge tragen mag. Außerdem löst sich von hier aus das Problem der Vielfalt der Religionen» (H.W. Gensichen in: Die Religion in Geschichte und Gegenwart, 3. Auflage, Band 3, Spalte 349f).

Die verschiedenen Religionen bilden letzten Endes eine Einheit. Im Hinduismus wird gelegentlich das Gleichnis von den Blinden erzählt, die einen Elefanten betasten. Sie begreifen und beschreiben nur Teile, meinen aber irrtümlicherweise, sie hätten die ganze Wahrheit.

Sri Ramakrishna (1834-1886), der die All-Einheit des Göttlichen für eine Zusammenschau der Religionen verkündigte, gebrauchte ein anderes Gleichnis: «Ein See besitzt mehrere Wasserstellen. An der einen holen Hindus ihr Wasser und nennen es jal. An einer anderen schöpfen die Moslems Wasser in Ledereimern und nennen es pani. An einer dritten Stelle sind die Christen, die von ‹Wasser› sprechen. Wie lächerlich wäre es, hier nur jal oder nur pani oder nur ‹Wasser› zu sehen! Die

Substanz ist eine, aber die Namen sind verschieden; unter jedem Namen wird die gleiche Substanz gesucht und gefunden. Die Unterschiede beruhen lediglich auf Differenzen des Klimas, des Temperaments und der Sprache» (zitiert bei M.M. Thomas, Christus im neuen Indien, S. 75f). Die Verehrung der zahllosen Götter ist im Hinduismus eine niedere Stufe gegenüber dem eigentlichen Ziel, der Vereinung des Selbst mit dem Absoluten. Da die Forderungen des Heilsweges schwer sind, wird schon in der Bhagavadgita ein «leichterer Weg» gezeigt. Die Hinwendung zu einem persönlichen Gott, den man sich wählen kann (ishtadvata). Dieser Gott ist aber nur eine Erscheinungsform des höchsten Seins (brahman).

Der Hinduismus kennt auch sogenannte Herabkünfte (avatara), mit denen ein Gott menschlich erscheint und in eine Notsituation eingreift. Eine Gleichsetzung der Menschwerdung Gottes in Jesus Christus mit avatara liegt nahe, ist aber oberflächlich. Nie wird das Eigentliche des Werkes Jesu Christi, wie das Neue Testament es bezeugt, aufgenommen.

Machen wir uns das an zwei Beispielen deutlich.

Sarvepalli Radhakrishnan (1888-1975)

Radhakrishnan war führender Denker des modernen Hinduismus und lehrte zunächst als Religionswissenschaftler in Oxford (1936-1952), dann war er Vizepräsident (1952-1962) und Staatspräsident Indiens (1962-1967).

Er lehrt, daß das Heil durch Erkenntnis (jnana) des Absoluten (brahman) zu erlangen ist.

«Die Grundwahrheiten einer spirituellen Religion besagen, daß das höchste Sein unser eigentliches Selbst ist, das wir zu entdecken haben und dessen wir zunehmend bewußt werden müssen, in dem alles in allem ist.» – «Die Grunderfahrung, auf die alles ankommt, ist die Erfahrung des wesenhaften Einsseins mit dem gesamten Sein» (M.M. Thomas, S. 105).

Von dieser Grundlage aus deutet Radhakrishnan Jesus. Er unterscheidet jüdisches und griechisches Denken im Christentum. Die Deutung Jesu nach jüdischen Maßstäben lehnt er ab. Das griechische Denken sieht er als dem indischen verwandt an. Jesus versteht er als «Mystiker, der an das innere Licht glaubt, der das Ritual ignoriert und legalistischer Frömmigkeit abhold ist» (M.M. Thomas, S. 107).

Wie sieht er die Kreuzigung Jesu? «Die Selbstaufgabe des Ich bedeutet Identifikation mit größerer Fülle des Lebens und Bewußtseins. Die Seele wird zu einer Erfahrung ihrer Universalität erhoben. Als einzelner hat Christus in Gethsemane gewünscht, daß der Kelch an ihm vorübergehe. Entgegen diesem seinem persönlichen Wunsch erwies sich das Geheimnis des Kreuzes als die Kreuzigung des Ich und die Hingabe an den Willen Gottes: ‹Dein Wille geschehe›» (M.M. Thomas, S. 108).

Auch die Auferstehung deutet er um: «Die Auferstehung bedeutet nicht, daß die Toten aus ihren Gräbern hervorgehen, sondern den Übergang aus dem Tod der Selbstsucht in das Leben selbstloser Liebe, das Hinüberschreiten aus der Finsternis des selbstsüchtigen Individualismus in das Licht des universalen Geistes, aus dem Irrtum in die Wahrheit, aus der Versklavung an die Welt in die Freiheit der Ewigkeit» (M.M. Thomas, S. 108).

Das Leben Jesu sei nicht «bloßes historisches Geschehen». Ihm geht es mehr um die spirituelle Wertschätzung des Christus. «Christus wurde in den Tiefen des Geistes geboren, und wir sagen, daß er nach dem Leben am Kreuz starb und wieder auferstand. Diese Aussagen beziehen sich nicht so sehr auf historische Ereignisse, die einmal in der Geschichte geschehen sind, als vielmehr auf universale Prozesse geistlichen Lebens, die sich in der Seele der Menschen immer wieder von neuem abspielen. Wenn man sich daran erinnert, wie die Geschichte Krishnas gedeutet wird, dann kann man auch geneigt sein, das Werk Christi als eine Errungenschaft der Seele, einen Zustand herrlicher Erleuchtung zu betrachten, in dem die göttliche Weisheit zum Erbteil der Seele geworden ist» (M.M. Thomas, S. 109).

Christus ist für Radhakrishnan keine letzte Autorität: «Ein zeitgebundenes, endliches Symbol kann nicht als einzigartig, endgültig und absolut gelten» (M.M. Thomas, S. 114). Damit sind wir wieder ganz nah bei Lessing.

Radhakrishnan kritisiert das Christentum, weil es «in seinem Verständnis Christi als des ‹einzigen Sohnes Gottes› den semitischen Glauben an den ‹eifersüchtigen Gott› fortgesetzt hat und daher keine Rivalen neben diesem Thron dulden konnte» (M.M. Thomas, S. 114). Er erwartet «eine Weltgesellschaft mit einer Universalreligion, der die historischen Religionen lediglich wie Zweige an einem Baum zugeordnet sind» (M.M. Thomas, S. 115).

«Es ist nicht so sehr eine Vermischung der Religionen, die die Welt sucht, sondern eher eine Gemeinschaft der Religionen, die auf der Grundlage der gemeinsamen religiösen Erfahrung der Menschen beruht. Die unterschiedlichen religiösen Überlieferungen benutzen unterschiedliche Bilder, um die eine höchste Wahrheit auszudrücken. Deshalb können und sollen ihre Einsichten einander befruchten, so daß der Menschheit eine vielgestaltige Vollkommenheit zugänglich wird: Die Strahlen der Spiritualität des Hinduismus, der gläubige Gehorsam des Judentums, die Schönheit des Lebens im griechischen Heidentum, das edle Mitleiden im Buddhismus, die Vision der göttlichen Liebe im Christentum und der Geist der Hingabe an den souveränen Herrn im Islam. Sie alle stellen unterschiedliche Aspekte inneren Lebens des Geistes dar, Projektionen der unaussagbaren spirituellen Erfahrungen auf der Ebene des Intellekts» (M.M. Thomas, S. 115f).

Die Vereinnahmung Jesu ins neuhinduistische System geschieht um den Preis, daß die biblischen Kernaussagen wegradiert und Jesus als eine Inkarnation unter anderen der hinduistischen Gesamtschau eingeordnet wird.

Die Auseinandersetzung mit dieser Gesamtschau ist heute dringend notwendig. Bis hin zu den vielgestaltigen Systemen der New-Age-Bewegung hat sich die monistische Weltsicht auch in Europa sehr stark verbreitet.

Monismus heißt hier: Schöpfer und Schöpfung werden nicht als letztgültiges Gegenüber gesehen. Gott, Welt und Mensch sind letztlich eins. Erlösung ist ein Prozeß des Innewerdens dieses ganzheitlichen Zusammenhangs. Für diese Erkenntnis mag Jesus als Modell von Bedeutung sein. Er ist Vorbild und Lehrer auf dem Weg der Erkenntnis, aber nicht Mittler in dem Sinne, daß er durch sein Sterben und Auferstehen den von Gott getrennten Menschen mit dem Schöpfer versöhnt.

Der Inder Paul D. Devanandan (1901-1962) – Literatursekretär des YMCA, Professor der Religionsgeschichte am United Theological College, Bangalore, und erster Direktor des

Christian Institute for the Study of Religion and Society, Bangalore – setzte sich mit Radhakrishnan gründlich auseinander. Er betont in der christlichen Botschaft, daß «das, was Gott in Jesus getan hat, für alle Menschen geschehen ist. Der Anspruch der Einzigartigkeit ist in Wirklichkeit eine Behauptung der Allgemeingültigkeit. Christen glauben, daß in Christus der allmächtige Gott sich selbst eine Zeitlang mit dem Menschen und seinem Ringen um Vollkommenheit und um die Verwirklichung seines wahren Wesens identifiziert hat. Diese Identifikation eröffnet eine neue Ära in der Schöpfung. Sie markiert den Anfang einer erlösenden Bewegung, die die gesamte Menschheit umschließt, d.h. die Gemeinschaft aller Menschen und Völker, ohne Rücksicht auf Glaubensbekenntnis, Sprache und Rasse. Nicht nur will der Christ nicht exklusiv sein und andere von der Teilhabe ausschließen – er möchte die ganze Menschheit teilnehmen lassen an seinem Glauben, daß sich hier der kosmische Prozeß einer neuen Schöpfung vollzieht» (M.M. Thomas, S. 123).

Mahatma Gandhi (1869-1948)

Von Gandhi ist bekannt, daß er Jesus hochgeschätzt hat. Gandhi sagt: «Jesu ganze Verkündigung, wie ich sie verstehe, ist in der Bergpredigt zusammengefaßt. Der Geist der Bergpredigt hat von meinem Herzen fast ebenso Besitz ergriffen wie die Bhagavadgita. Die Bergpredigt ist es, die mir Jesus liebgemacht hat» (M.M. Thomas, S. 140).

Für Gandhi ist Jesus der größte «Satyagrahi» (der die Wahrheit ergriffen hat). Grundlegend für Gandhi ist die Gewaltlosigkeit (Ahimsa). Die Bergpredigt ist für ihn wichtig, weil in ihr die Gewaltlosigkeit verkündet wird. Gewaltlosigkeit ist der Weg zur Wahrheit. «Meine gesamte Erfahrung hat mich zu dem Glauben geführt, daß es keinen anderen Gott als die Wahrheit gibt und daß kein anderer Weg zur Wahrheit führt als Ahimsa. Erst wenn man sich Ahimsa zu eigen gemacht hat, kann man die Fülle der Wahrheit erreichen. Wer den universalen, alles durchdringenden Geist der Wahrheit zu Gesicht bekommen will, muß imstande sein, auch die niedrigste Kreatur zu lieben wie sich selbst. Es gibt kein Lebensgebiet, das dabei nicht berührt würde» (M.M. Thomas, S. 135).

Jesus hat für Gandhi eine ausgesprochen partielle Bedeutung – nämlich insoweit er ins System Gandhis hineinpaßt. An den für die Bibel entscheidenden Punkten lehnt Gandhi ab. Jesus ist für ihn «ein schönes Beispiel». «Die ideale Gestalt Christi, geduldig, freundlich, liebevoll, immer zum Vergeben bereit, er, der seine Jünger lehrte, Unrecht nicht zu vergelten und auch noch die andere Wange darzubieten, wenn man geschlagen würde, – das alles erschien mir als schönes Beispiel des vollkommenen Menschen» (M.M. Thomas, S. 141).

«Ich kann wohl sagen, daß ich an einem historischen Jesus niemals interessiert gewesen bin. Mir würde es nichts ausmachen, wenn bewiesen würde, daß der Mensch, der Jesus hieß, nie gelebt habe und daß die Berichte der Evangelien lediglich Produkte schriftstellerischer Einbildung gewesen seien; denn auch dann wäre die Bergpredigt für mich immer noch wahr» (M.M. Thomas, S. 141).

Gandhi meinte, daß die Botschaft von der Versöhnung und Rechtfertigung des Sünders durch Jesus letzten Endes den sittlichen Impuls des Menschen lähme, weil sie die Sünde entschuldige. Die Erfüllung des Ahimsa-Gesetzes hänge von der sittlichen Bemühung ab. Die Erkenntnis der Wahrheit geschieht für Gandhi ja durch die Bemühung des Menschen auf dem Weg der Gewaltlosigkeit.

Gandhi geht davon aus, daß die Geschichte der Menschheit vom Kannibalismus zu einer ernsthafteren Aneignung der Gewaltlosigkeit fortschreitet. «Wenn wir davon überzeugt sind, daß die Menschheit sich stetig in die Richtung auf Ahimsa fortbewegt hat, dann folgt daraus, daß sie diesem Ziel noch immer näherkommen muß; denn niemand kann sich dieser fortdauernden Bewegung entziehen außer Gott selbst» (M.M. Thomas, S. 137).

Die beeindruckende Hingabe Gandhis an dieses Ideal kann doch nicht darüber hinwegtäuschen, daß wir Menschen gerade an diesem Ideal auf schreckliche Weise scheitern. Nichts weist darauf hin, daß wir uns in der Geschichte der Menschheit auf immer mehr Gewaltlosigkeit hinbewegen. Nicht nur die Geschichte Indiens nach Gandhi ist dafür eine traurige Illustration.

Wo Sünde nicht als Grundproblem der Trennung zwischen Schöpfer und Geschöpf ernst genommen und wirkliche Vergebung erfahren wird, kann es für uns keinen Neuanfang geben. Wir werden uns immer wieder in der Sackgasse der Illusion des Glaubens an uns selbst festfahren. Der Inder Paul D. Dewanandan antwortet Gandhi, «daß christliche Sittenlehre nicht mit dem christlichen Glauben zu verwechseln ist. Insoweit zeigt auch die Bergpredigt nicht das Wesen des christlichen Glaubens. Jesus ist nicht nur ein Sittenlehrer, …für den christlichen Glauben ist Jesus Christus die Selbstmanifestation des gerechten und gnädigen Gottes, seiner Gerechtigkeit und seiner Liebe. Es sind also Person und Werk Jesu Christi, nicht aber nur die Bergpredigt, die im Mittelpunkt des christlichen Glaubens stehen. Wert und Geltung der Bergpredigt sind abgeleitet; denn allein die Gnade Gottes in Jesus Christus ist die Kraft, durch die ein so hohes Ideal des Guten, wie es die Bergpredigt beschreibt, ermöglicht ist. Ihre Ethik der absoluten Liebe wird nur dann für die Menschen zur Möglichkeit, wenn sie durch Neuschöpfung in Christus völlig verwandelt sind» (M.M. Thomas, S. 161).

IV. Schluß: Jesus sprengt unsere Systeme

Ich hoffe, daß ich deutlich gemacht habe: Ich trete nicht für den Absolutheitsanspruch des Christentums ein. Christentum ist ein System, das Menschen im Laufe der Geschichte gemacht haben. Jesus sprengt dieses System. Christentum ist immer wieder zu einer Religion der Selbsterlösung des Menschen gemacht worden: Wenn man bestimmte Verhaltensregeln befolgt, bestimmte Gebote hält, bestimmte religiöse Riten vollzieht, dann ist man vielleicht auf dem Weg, Christ zu werden. Der von Gott getrennte Mensch versucht immer wieder, durch sein eigenes Tun mit Gott zurechtzukommen. Jesus aber ist Gottes Geschenk an die Welt. Dadurch, daß der Weltrichter selber das Gericht auf sich nimmt, werden wir Menschen begnadigt, freigesprochen und mit Gott versöhnt. Gemeinschaft mit Gott wird durch die Vergebung der Sünden geschenkt. Deshalb kann jeder sie erhalten. Religion, Kultur, Rasse und Klasse spielen als Voraussetzung keine Rolle.

Die Gemeinschaft mit Gott löscht das Ich des Menschen nicht aus. Im Gegenteil, der Mensch erhält in dieser Gemeinschaft die unverlierbare Personenwürde. Durch das Wort Gottes wird er zum Du, das Gott Antwort geben darf und im Vertrauen auf ihn und im Gehorsam auf sein Wort ein schöpferisches Leben in der Welt führen kann.

Diese Gemeinschaft kann auch der Tod nicht auflösen. Im Gegenteil, die Gemeinschaft mit Gott wird ohne Beeinträchtigung durch Sünde und Zweifel in Herrlichkeit entfaltet.

Dem Hinduismus gegenüber macht das Evangelium von Jesus deutlich, daß Gott, der Schöpfer, und der Mensch als Geschöpf im Gegenüber bleiben.

Der westliche Materialismus behauptet, daß wir es nur mit der einen sichtbaren Welt zu tun haben, in der der Mensch sich selbstherrlich als der Macher aufführt – mit der bitteren Konsequenz, daß er schließlich alles kaputtmacht.

Die östliche Religion und Philosophie des Hinduismus setzt ganz auf die geistige Einheit der Welt. Ziel ist die Erkenntnis des Einsseins mit dem höchsten Sein. Weil im Grunde der Mensch mit dem höchsten Sein eins ist, muß er den Weg zur

Überwindung aller vorläufigen Entzweiungen und Gegensätze auf entsagungsvollen Wegen selbst erkämpfen. Wer das nicht schafft, wird zu immer neuen Wiedergeburten verurteilt.

Jesus ist die Antwort Gottes auf die Sehnsucht der Menschen nach Ganzheit und Gemeinschaft mit Gott. Aber er ist zugleich die Kritik an den von Menschen erdachten Systemen und Wegen. Die Kreuzigung ist Gottes Gericht auch über die religiöse Selbstbehauptung des Menschen. Erst wenn wir selbst nichts mehr in Händen halten, was uns erlösen soll, dann werden wir mit dem Frieden Gottes beschenkt, der uns zu Kindern Gottes macht.

Der Islam liefert dem suchenden Menschen einen widerspruchslosen Gottesbegriff. Gott ist einer. Mehr muß eigentlich nicht geglaubt werden. Mit diesem Gottesprinzip läßt sich letzten Endes alles in der Welt erklären. Kein Wunder, daß der moderne Mensch sich von diesem Gottesbegriff angezogen fühlt. Es befriedigt den intellektuellen Erklärungsbedarf. Erlösung gibt es dadurch, daß der Mensch sich bemüht, die Gesetze des Korans zu halten. Auch das kommt dem Streben des Menschen entgegen, selbst seine Erlösung schaffen zu wollen.

In Jesus sprengt Gott alle noch so schlüssigen Gottesbegriffe. Er offenbart sich im Gekreuzigten und Auferstandenen als der heilige und liebende Gott. Wir haben kein geschlossenes, widerspruchsfreies Gottesbild, mit dem wir gedanklich hantieren können. Viele Fragen bleiben schmerzlich offen. Obwohl uns Gott in seiner Offenbarung viele entscheidende Antworten gibt, bleiben Rätsel. Paulus steht anbetend davor: «O welch eine Tiefe des Reichtums, beides, der Weisheit und der Erkenntnis Gottes! Wie unbegreiflich sind seine Gerichte und unerforschlich seine Wege! Denn wer hat des Herrn Sinn erkannt, oder wer ist sein Ratgeber gewesen? Oder wer hat ihm etwas zuvor gegeben, daß Gott es ihm vergelten müßte? Denn von ihm und durch ihn und zu ihm sind alle Dinge. Ihm sei Ehre in Ewigkeit! Amen» (Römer 11,33-36).

Wir werden Antwort finden, wenn wir in Gottes neue Welt durch die Auferstehung hineinverwandelt sind und ihn erkennen, wie er ist. Gott aber ist uns in Jesus so nahegekommen, daß wir zu ihm Vater sagen dürfen. Er hat uns nicht nur ein Gesetz offenbart, sondern sein Herz gezeigt. «Gott will, daß allen Menschen geholfen werde und sie zur Erkenntnis der Wahrheit kommen. Denn es ist *ein* Gott und *ein* Mittler zwischen Gott und den Menschen, nämlich der Mensch Christus Jesus, der sich selbst gegeben hat für alle zur Erlösung» (1. Timotheus 2,4-6). Jesus ist Gottes erklärter Liebeswille an jeden von uns. Was wird unsere Antwort sein?

Jesus stiftet nicht nur Gemeinschaft mit dem Vater. Er fügt uns auch in eine Lebensgemeinschaft mit Schwestern und Brüdern ein. In dieser Gemeinschaft erfahren wir Ergänzung und Stärkung. Sie verpflichtet uns, aber sie gibt uns auch die freie Luft zum Atmen, sie drängt uns nicht in eine kollektive Zwangsjacke. Die Gemeinschaft der Jesus-Nachfolger ist auch der Raum, in dem Fragen und Zweifel ihre klärende Antwort finden können. Jesus hat versprochen, daß er als der Lebendige gegenwärtig sein will, wo zwei oder drei sich in seinem Namen versammeln (vgl. Matthäus 18,20).

Auch die Fragen, die in diesem Buch erörtert wurden, müssen nicht in frustrierender Isolation bedacht werden. Die Gemeinschaft der Christen gibt Gelegenheit zu gemeinsamem Nachdenken, das auf das alltägliche Leben bezogen ist. Nicht nur Gedanken, sondern erfahrbares Leben dürfen wir miteinander teilen. Gelebte Gemeinschaft der Christen kann eine Kostprobe der gnädigen Gegenwart Gottes in Jesus Christus sein. Die Einladung steht!

Literatur

Rudi Paret, Der Koran, Stuttgart 1966

Arthur J. Arberry, The Koran Interpreted, The World's Classics 596, London 1964

Ludwig Ullmann, Der Koran, neubearbeitet und erläutert von L.W. Winter (Goldmanns Gelbe Taschenbücher, Band 521/522), München 1964

Kenneth Cragg, The Call of the Minaret, New York 1964

Hassan Deqhani-Tafti, Design of My World, 3. Aufl., London 1962 (auch in deutsch: Bild meiner Welt, übers. von H. Merklin, 2. Aufl., Stuttgart 1962)

Edgar Hennecke, Neutestamentliche Apokryphen in deutscher Übersetzung, 3. Aufl., herausgegeben von Wilhelm Schneemelcher, 1. Band: Evangelien, Tübingen 1959, 2. Band: Apostolisches, Apokalypsen und Verwandtes, Tübingen 1964

Jacques Jomier, Bibel und Koran, 1962

Emmanuel Kellerhals, ...und Mohammed ist sein Prophet, Die Glaubenswelt der Moslems, Stuttgart - Basel 1961

Hans Küng, Projekt Weltethos, München 1990

M.M. Thomas, Christus im neuen Indien, Reformhinduismus und Christentum, Göttingen 1989

Ulrich Parzany, Jesus der Moslems, Jesus der Christen, Wuppertal 1968

Vom selben Autor

Maßstäbe – was gilt denn

Dieses Buch ist eine Einladung an alle,
die sich in ihrem Leben bewußt orientieren
und nicht im Labyrinth verschiedenster Wertmaßstäbe
umherirren möchten.
Ulrich Parzany beschreibt und erklärt,
daß Gott selbst diese verläßliche und befreiende
Orientierung geben kann.
Ein Buch, das eine neue Sichtweise der Gebote Gottes
in einer Zeit allgemeiner Orientierungslosigkeit vermittelt.

80 Seiten, Taschenbuch, Bestell-Nr.: 113 290

Aussaat Verlag · Neukirchen-Vluyn

Horst Marquardt/Ulrich Parzany (Hg.)

Evangelisation mit Leidenschaft

Berichte und Impulse vom II. Lausanner Kongreß für Weltevangelisation in Manila

Die Themen mit Einführungen durch deutsche Kongreßteilnehmer:

Die rettende Botschaft
Die Einzigartigkeit Jesu Christi
Gute Nachricht für die Armen
Mission angesichts der modernen Welt
Evangelisation in der Einheit und Kraft des Heiligen Geistes
Der Primat der Ortsgemeinde
Das Mandat der Laien und der Frauen
Evangelisation in der Großstadt
Zusammenarbeit in der Evangelisation

Der Band enthält darüber hinaus die Grundlagen-Dokumentationen: »Die Lausanner Verpflichtung (1974)«, »Das Manifest von Manila (1989)« sowie eine umfassende Lausanne-Bibliographie.

352 Seiten, Paperback, Bestell-Nr.: 112 450

Aussaat Verlag · Neukirchen-Vluyn

Magazin für Christen

SCHRITTE

Herausgeber Ulrich Parzany

SCHRITTE sind:

unterhaltend	aktuell
missionarisch	spannend
erklärend	informativ
motivierend	kritisch

Herausgeberbeirat:
Bernd Bierbaum, Bremen; Brunhilde Blunk, Essen;
Herbert Demmer, Bielefeld; Rainer Dick, Röhrsdorf/Chemnitz;
Karl-Heinz Ehring, Essen; Konrad Eisler, Stuttgart;
Johannes Hansen, Witten; Dr. Michael Herbst, Bielefeld;
Uwe Holmer, Serrahn; Eberhard Laue, Erfurt;
Dr. Theo Lehmann, Chemnitz; Dr. Manfred Siebald, Mainz;
Klaus Teschner, Düsseldorf; Christoph Zehendner, Wetzlar

SCHRITTE
wendet sich mit aktuellen Themen,
Informationen und Grundsatzbeiträgen an
engagierte, kritische und neugierige Christen

NEU
als Zweimonatsschrift

NEU
mit erweitertem Umfang

NEU
jede Ausgabe mit einem aktuellen Schwerpunktthema

Aussaat Verlag · Neukirchen-Vluyn

Johannes Hansen

Auf den Punkt gebracht
Impulse für den Glauben

In kurzen Kapiteln führt der bekannte Evangelist
den Leser an einige der wichtigsten Fragen
nach dem Glauben heran und bringt sie
ohne lange Umschweife auf den Punkt.
Das Buch eignet sich für jeden,
der eine Einstiegshilfe in den christlichen Glauben sucht,
sowie für Mitarbeiter, die es lernen möchten,
das Evangelium elementar weiterzusagen.

96 Seiten, Taschenbuch, Bestell-Nr.: 113 461

Aussaat Verlag · Neukirchen-Vluyn